쪼물쪼물 내 친구 우주 코딩왕

엔트리+언플러그드 놀이 스티커

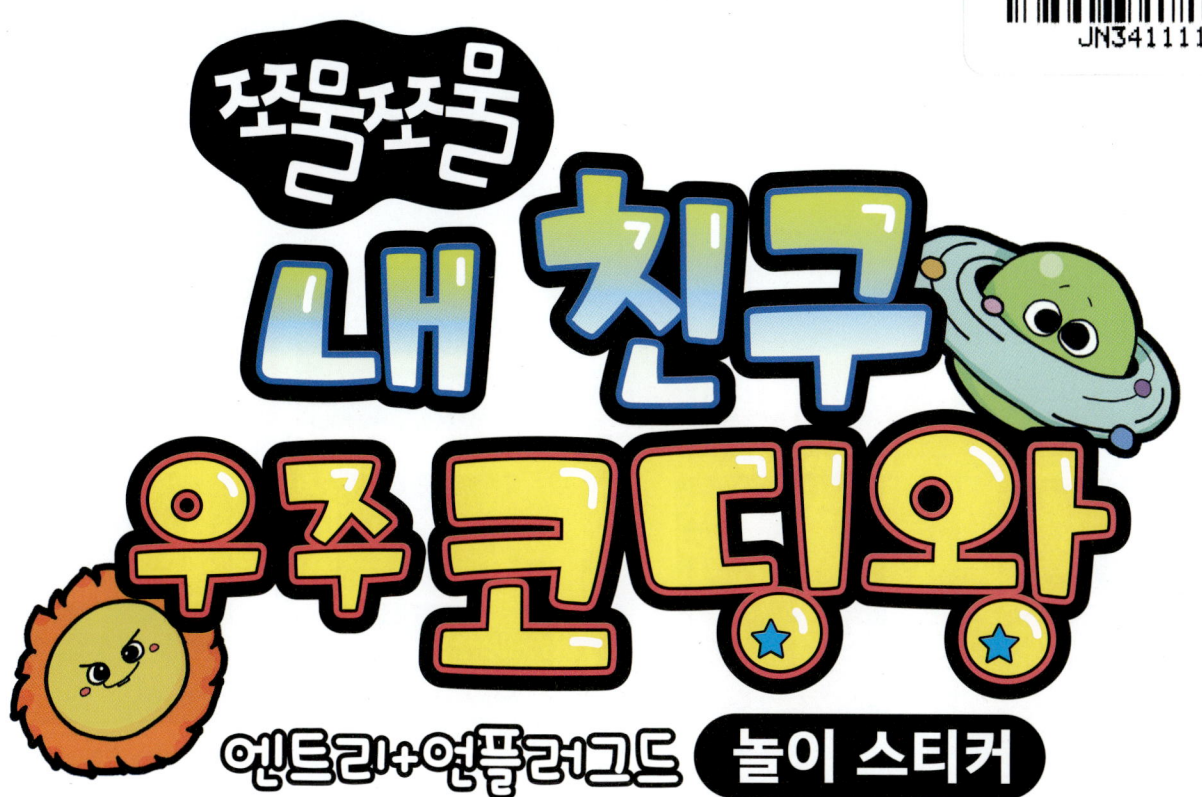

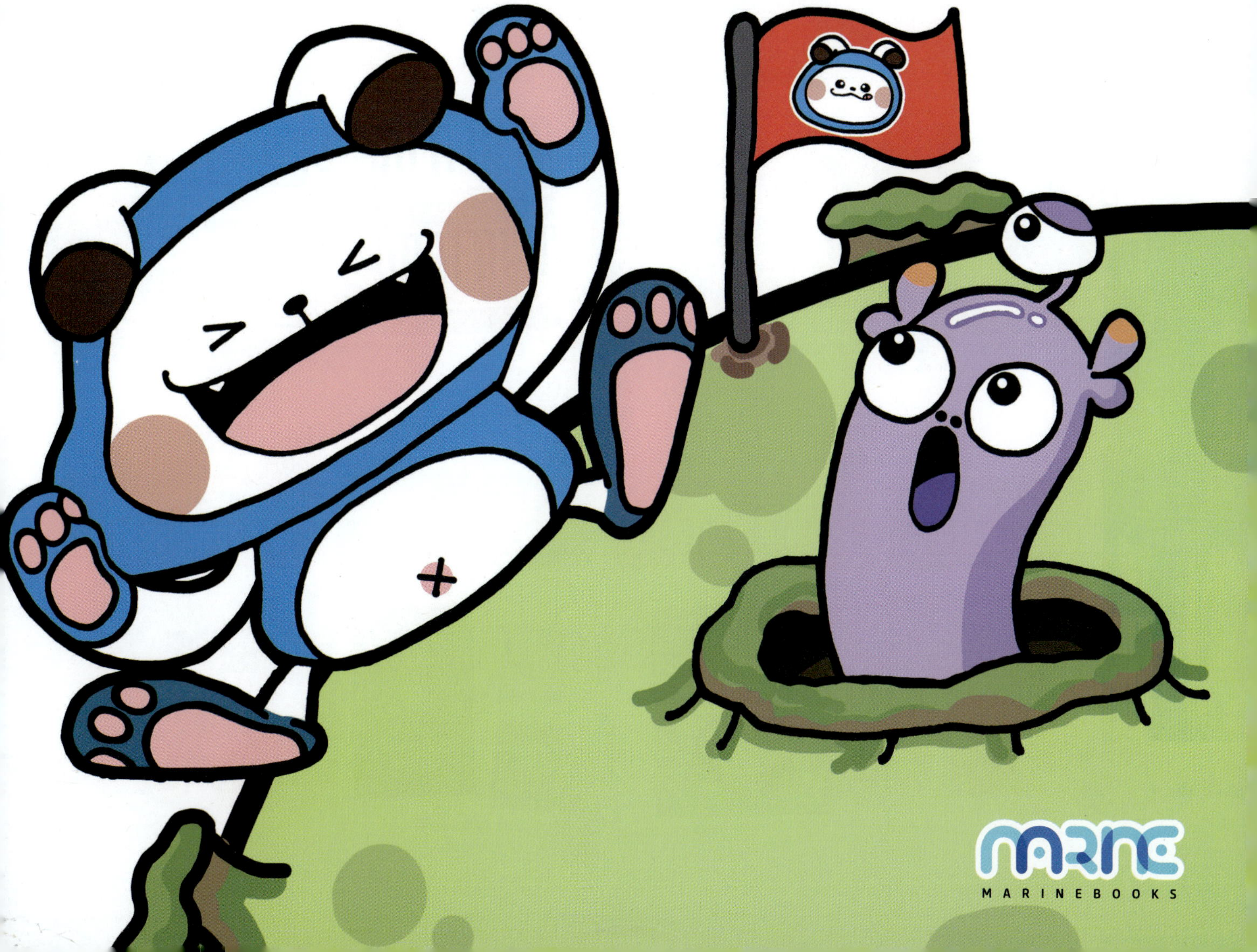

MARINEBOOKS

이 책의 목차

1 007
스티커로 야옹이에게
간식을 줘요

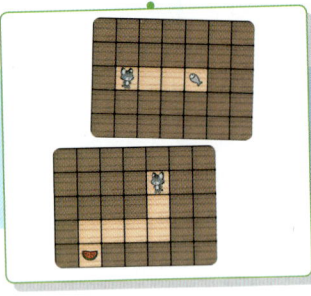

2 012
엔트리로
준비물을 챙겨요

3 017
스티커로
옷을 입어요

4 022
엔트리로
책가방을 메요

16 082
엔트리로 알록달록
하게 색칠해요

15 077
점 잇기로
그림을 그려요

14 072
엔트리로
피아노를 연주해요

13 067
악기 맞히기
게임을 해요

17 087
스티커와 점으로
픽셀 아트를 만들어요

18 092
엔트리로
픽셀 아트를 만들어요

19 097
스티커로 퍼즐
맞추기 놀이를 해요

20 102
엔트리로 퍼즐
맞추기 놀이를 해요

5　027
스티커로 학교에 가요

6　032
엔트리로 경찰차를 출동시켜요!

7　037
스티커로 학교에 가는 길이에요

8　042
엔트리로 학교에 들어가요

12　062
엔트리로 숨은 그림을 찾아요

11　057
다른 그림을 찾아요

10　052
엔트리로 나를 소개해요

9　047
스티커로 나를 소개해요

21　107
파워포인트로 칠교놀이를 해요

22　112
엔트리로 칠교놀이를 해요

23　117
스티커로 세계 여행을 떠나요

24　122
엔트리로 수도 맞히기 놀이를 해요

코딩과 엔트리에 대해서 알아볼까요?

1 코딩이란?

- 컴퓨터가 이해할 수 있는 언어인 코드를 입력하여 컴퓨터가 작동할 수 있게 프로그램을 만드는 것을 **코딩(coding)**이라고 해요.
- 코드를 입력하여 프로그램을 만들기 때문에 코딩을 **프로그래밍**이라고도 해요.

▲ 컴퓨터는 사람의 말을 이해할 수 없어요.

▲ 컴퓨터가 이해할 수 있는 언어로 코딩해요.

- 우리 주위에는 코딩이 되어 있는 기계나 전자 제품이 많이 있어요.

◀ 신호등

◀ 자동판매기

▲ 전자레인지

2 엔트리(entry)란?

- 누구나 쉽고 재미있게 코딩을 배울 수 있도록 네이버에서 개발한 블록형 프로그래밍 언어예요.
- 레고 블록을 조립해서 작품을 만들듯이 코딩 블록을 조립해서 프로그램을 만들 수 있어요.

▲ 레고 블록을 조립해서 만든 비행기

▲ 엔트리 블록을 조립해서 만든 프로그램

3 엔트리 만들기 화면을 살펴볼까요?

• 엔트리를 실행하여 화면을 살펴본 후, 괄호 안의 알맞은 말에 ○표 하세요.

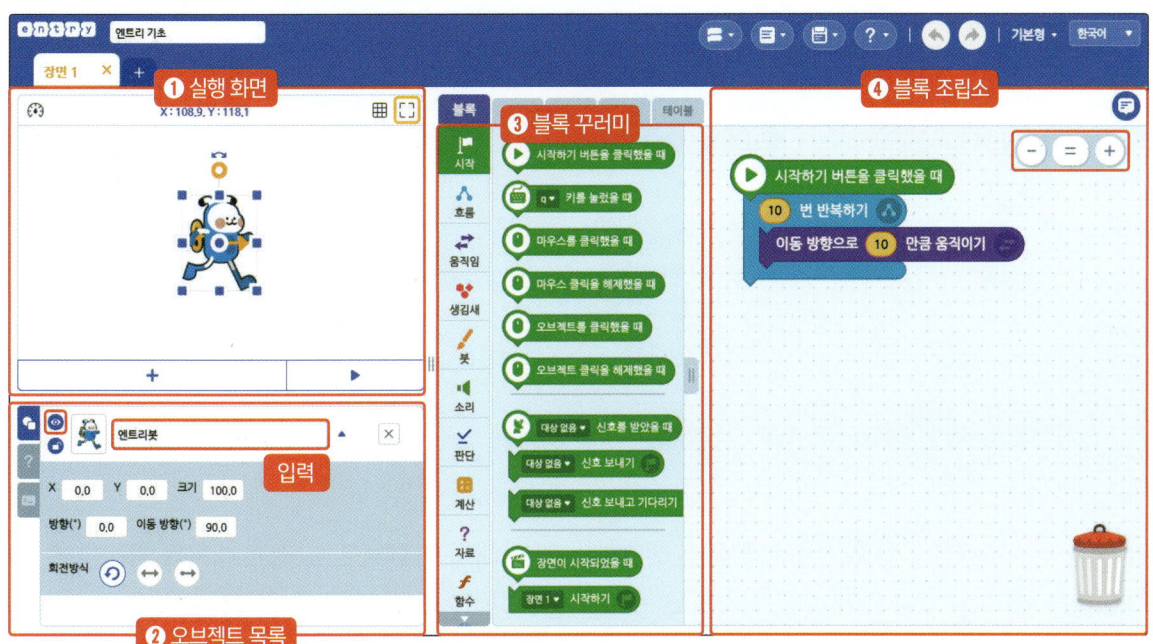

❶ 실행화면
• [시작하기(▶)] 버튼을 눌러 실행하고 [정지하기(■)] 버튼을 눌러 멈춰 보세요.
• 실행화면 안에 있는 모든 개체 이미지들을 **오브젝트**라고 하는데요. [**오브젝트 추가하기**(+)] 버튼을 눌러서 원하는 오브젝트를 추가할 수 있어요.
• 오른쪽 위의 [ ]를 누르면 실행화면이 (커지고, 작아지고), ╬를 누르면 (커져요, 작아져요).

❷ 오브젝트 목록
• 실행화면에 어떤 오브젝트들이 있는지 보여 주고, 여러 가지 정보를 바꿀 수 있어요.
• 👁 상태일 때 오브젝트가 (나타나고, 사라지고), 👁̸ 상태일 때 오브젝트가 (나타나요, 사라져요).
• 오브젝트의 이름이 표시되는 🐾 엔트리봇 을 더블 클릭하여 여러분의 이름을 입력하고 [Enter]를 눌러 보세요.

❸ 블록 꾸러미
• (움직임, 붓) 탭에는 오브젝트를 움직일 수 있는 블록들이 있어요.
• (계산, 생김새) 탭에는 오브젝트의 모양을 추가하거나 바꿀 수 있는 블록들이 있어요.
• (흐름, 소리) 탭에서는 오브젝트가 내는 소리를 추가할 수 있어요.

❹ 블록 조립소
• 블록 꾸러미에 있는 블록들을 블록 조립소로 끌어와 조립해요.
• 블록 조립소에서 조립된 블록 묶음을 (코드, 코끼리)라고 해요.
• 블록 크기 조절 버튼을 각각 눌러보고 알맞은 내용을 찾아 선으로 이어 보세요.

     (−) •   • 블록 크기가 커져요.

     (=) •   • 블록 크기가 작아져요.

     (+) •   • 블록 크기가 기본 크기로 돌아와요.

4 블록을 조립하고 실행해 볼까요?

❶ 호름의 `2 초 기다리기` 블록을 드래그하여 `시작하기 버튼을 클릭했을 때` 블록 아래에 연결해 보세요.

💡 팁 마우스 왼쪽 버튼을 누른 채 끄는 동작을 '드래그'라고 해요.

❷ 생김새의 `안녕! 을(를) 4 초 동안 말하기` 블록을 드래그하여 맨 아래에 연결해요. 그리고 내용을 클릭한 후 여러분의 이름을 넣어 "난 ○○○이야"를 입력하고, 숫자를 클릭하여 시간값에 '2'를 입력해 보세요.

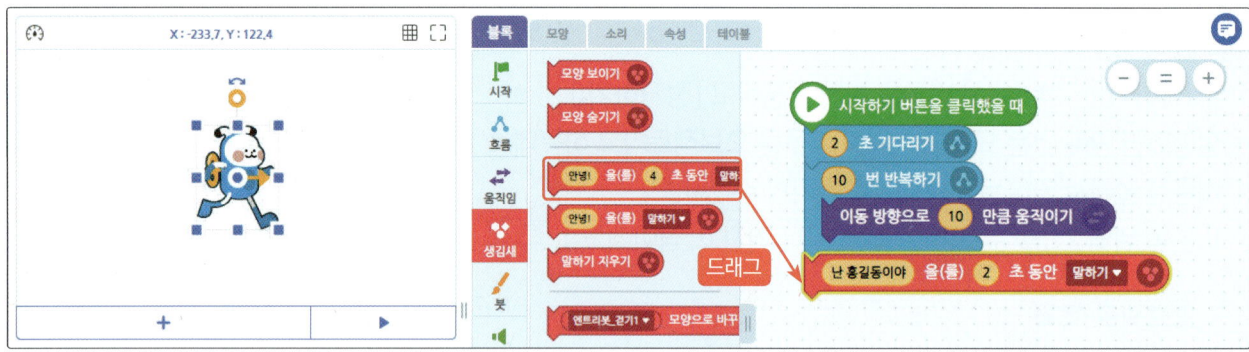

❸ 실행화면에서 [시작하기(▶)] 버튼을 누르면 2초 기다린 후에 엔트리봇이 오른쪽 방향으로 움직여요. 그리고 "난 홍길동이야"를 2초 동안 말해요.

💡 팁 블록은 위에서 아래로 순서대로 실행돼요.

01 스티커로 야옹이에게 간식을 줘요

학교에 가기 전에 입맛이 까다로운 야옹이에게 간식 먹는 훈련을 시켜야 해요. 야옹이에게 음식을 먹게 하려면 여러분이 명령을 해야 한데요. 오른쪽, 왼쪽, 위쪽, 아래쪽 방향의 명령 스티커를 이용하여 야옹이가 움직일 수 있도록 명령을 해 보세요.

학습목표

★ 야옹이가 이동해야 하는 방향을 이해할 수 있습니다.
★ 야옹이가 한 방향으로 움직이게 할 수 있습니다.
★ 야옹이가 여러 방향으로 움직이게 할 수 있습니다.

정답 : 01정답-1.jpg

⭐ 다음 명령 상자의 빈칸에 야옹이가 어느 방향으로 몇 칸을 움직여야 하는지 명령 스티커를 붙여 알려 주세요.

 한 방향으로 움직여요

❶ 야옹이가 가장 좋아하는 '생선'을 먹을 수 있도록 명령해 보세요.

❷ 야옹이가 단백질이 풍부한 '닭고기'를 먹을 수 있도록 명령해 보세요.

❸ 야옹이가 맛있는 '소고기'를 먹을 수 있도록 명령해 보세요.

❹ 야옹이가 비타민이 풍부한 '브로콜리'를 먹을 수 있도록 명령해 보세요.

여러 방향으로 움직여요

1 위쪽으로 새로 생긴 길이 있어요. 야옹이가 '옥수수'를 먹을 수 있도록 명령해 보세요.

명령

2 아래쪽으로 새로 생긴 길이 있어요. 고양이가 '수박'을 먹을 수 있도록 명령해 보세요.

명령

1 야옹이에게 다음과 같이 명령을 내리면 어떻게 움직이는지 선으로 그려 보세요. 그리고 야옹이가 어떤 장난감을 찾았는지 확인한 후 스티커를 붙여 주세요. [스티커 2. 1줄]

명령

정답 : 01정답-2.jpg

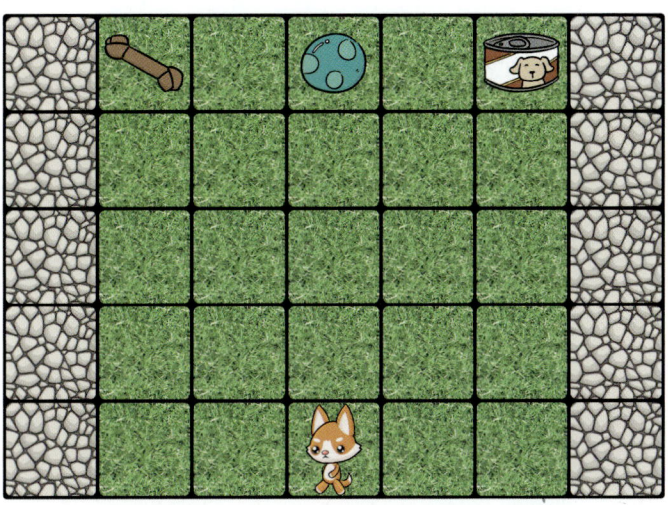

2 야옹이에게 다음과 같이 명령을 내리면 어떻게 움직이는지 선으로 그려 보세요. 그리고 야옹이가 만난 멍멍이 친구들을 만난 순서대로 스티커를 찾아 붙여 주세요. [스티커 2. 1줄 2칸~6칸]

명령

정답 : 01정답-3.jpg

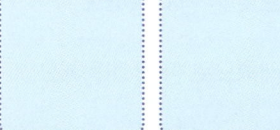 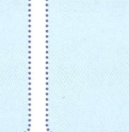  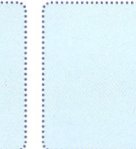

02 엔트리로 준비물을 챙겨요

지난 시간에는 화살표 명령 스티커로 '야옹이'를 움직이게 하는 것을 배웠죠? 이번 시간에는 엔트리 프로그램에서 블록들을 조립하여 '엔트리봇'을 원하는 방향으로 움직이도록 해 볼 거예요. 오른쪽, 왼쪽, 위쪽, 아래쪽 블록을 조립하여 엔트리봇에게 명령을 해 보세요.

학습목표

★ 엔트리 프로그램을 실행하여 작품을 불러올 수 있습니다.
★ 엔트리봇이 오른쪽 아래로 움직이도록 블록을 조립할 수 있습니다.
★ 엔트리봇이 왼쪽 위로 움직이도록 블록을 조립할 수 있습니다.

미리보기

실습파일 : 준비물 챙기기.ent   완성파일 : 준비물 챙기기(완성).ent

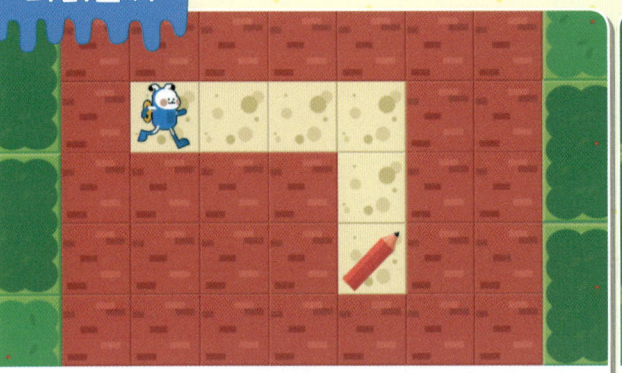
엔트리봇이 오른쪽과 아래쪽으로 이동하여 준비물 챙기기

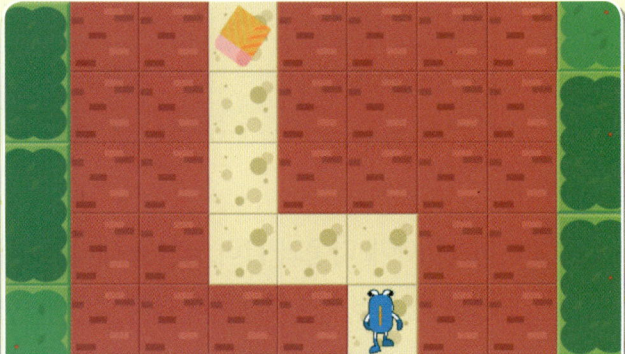
엔트리봇이 위쪽, 왼쪽, 위쪽으로 이동하여 준비물 챙기기

이 블록들을 사용해요

블록 꾸러미	명령 블록	설명
시작	시작하기 버튼을 클릭했을 때	[시작하기(▶)] 버튼을 클릭하면 아래에 연결된 블록들이 실행돼요.
함수	오른쪽	엔트리봇이 오른쪽을 보고 오른쪽으로 한 칸 이동해요.
	왼쪽	엔트리봇이 왼쪽을 보고 왼쪽으로 한 칸 이동해요.
	위쪽	엔트리봇이 위쪽을 보고 위쪽으로 한 칸 이동해요.
	아래쪽	엔트리봇이 아래쪽을 보고 아래쪽으로 한 칸 이동해요.

 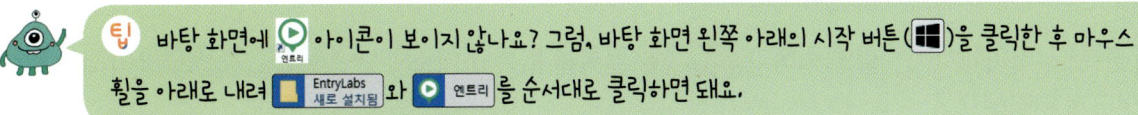

엔트리 프로그램을 실행하여 작품을 불러와요

❶ 엔트리 프로그램을 실행하기 위해 바탕 화면의 엔트리 바로 가기 아이콘( )을 더블 클릭해요.

> 팁 바탕 화면에 아이콘이 보이지 않나요? 그럼, 바탕 화면 왼쪽 아래의 시작 버튼( )을 클릭한 후 마우스 휠을 아래로 내려 EntryLabs 새로 설치됨 와 엔트리 를 순서대로 클릭하면 돼요.

❷ 엔트리 프로그램이 실행되면 [파일( )]-[오프라인 작품 불러오기]를 클릭해요.

❸ [열기] 대화상자에서 [02차시] 폴더의 '준비물 챙기기.ent'를 선택하고 [열기]를 클릭해요.

02 엔트리로 준비물을 챙겨요 13

① 엔트리봇이 연필 준비물을 챙기도록 도와주세요. 먼저 '엔트리봇' 오브젝트가 오른쪽으로 3칸 이동하기 위해 '엔트리봇' 오브젝트를 선택해요.

② [블록] 꾸러미에서 [함수] 를 클릭하고 [오른쪽] 블록을 블록 조립소의 [시작하기 버튼을 클릭했을 때] 아래로 드래그하여 3개 연결해요.

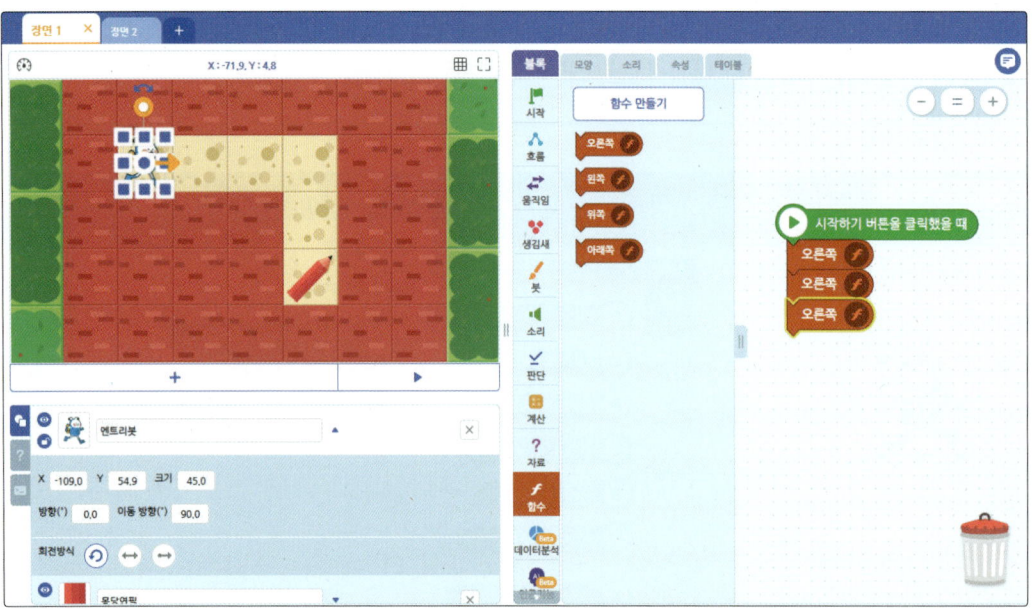

 팁 어떤 동작을 할지 약속된 것을 '함수'라고 해요. 실습파일에는 엔트리봇이 오른쪽, 왼쪽, 위쪽, 아래쪽으로 이동할 수 있는 함수가 만들어져 있어요.

③ '엔트리봇' 오브젝트가 아래쪽으로 2칸 이동하기 위해 [아래쪽] 블록을 2개 연결해요.

④ 실행화면 오른쪽 아래의 [시작하기(▶)] 버튼을 클릭하여 엔트리봇이 '연필' 위치로 이동하는지 확인해 보세요.

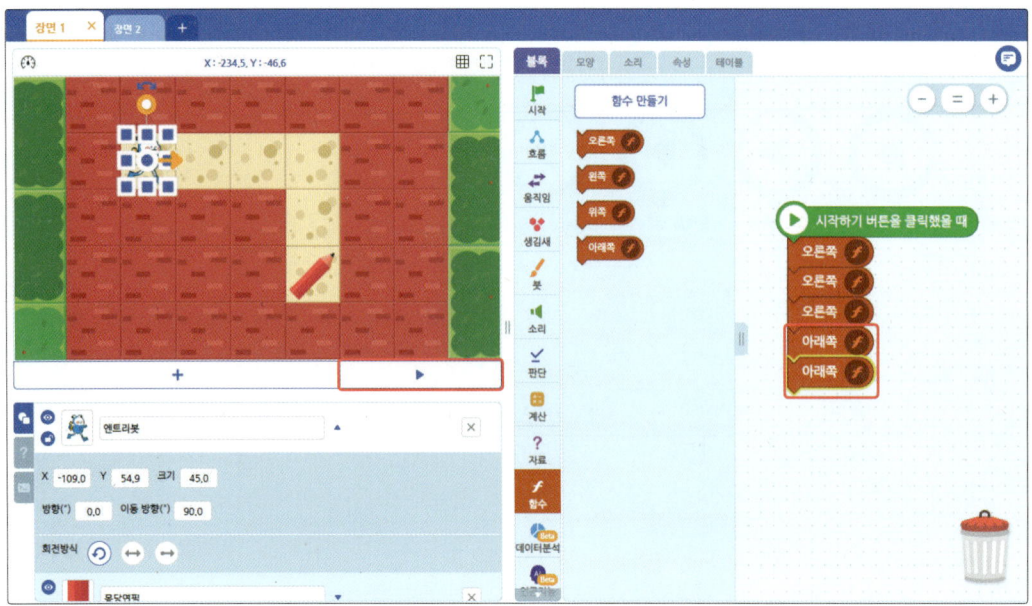

3 엔트리봇, 지우개를 찾아라!

❶ 이번에는 지우개 준비물을 찾아 주세요. 먼저 [장면 2]로 이동하기 위해 실행화면 왼쪽 위의 [장면 2]를 클릭해요.

❷ '엔트리봇' 오브젝트가 위쪽으로 1칸 이동하기 위해 블록 꾸러미에서 `함수` 의 `위쪽` 블록을 블록 조립소의 `시작하기 버튼을 클릭했을 때` 아래로 드래그하여 연결해요.

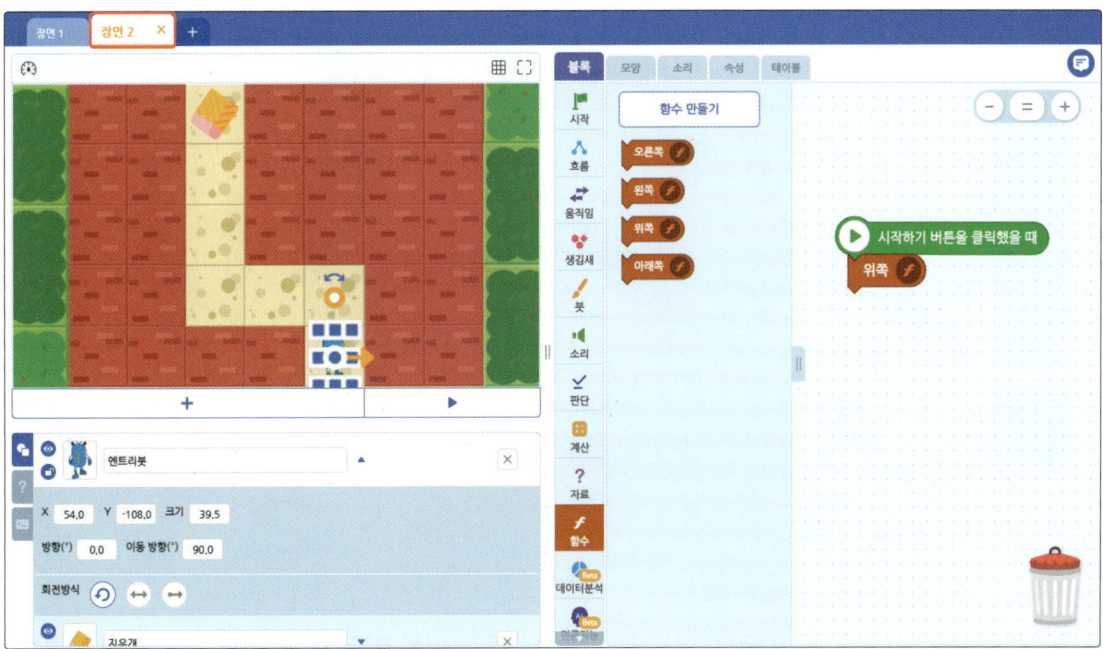

❸ '엔트리봇' 오브젝트가 왼쪽으로 2칸, 위쪽으로 3칸 이동하기 위해 `왼쪽` 블록 2개, `위쪽` 블록 3개를 순서대로 연결해요.

❹ [시작하기(▶)] 버튼을 클릭하여 엔트리봇이 '지우개' 위치로 이동하는지 확인해 보세요.

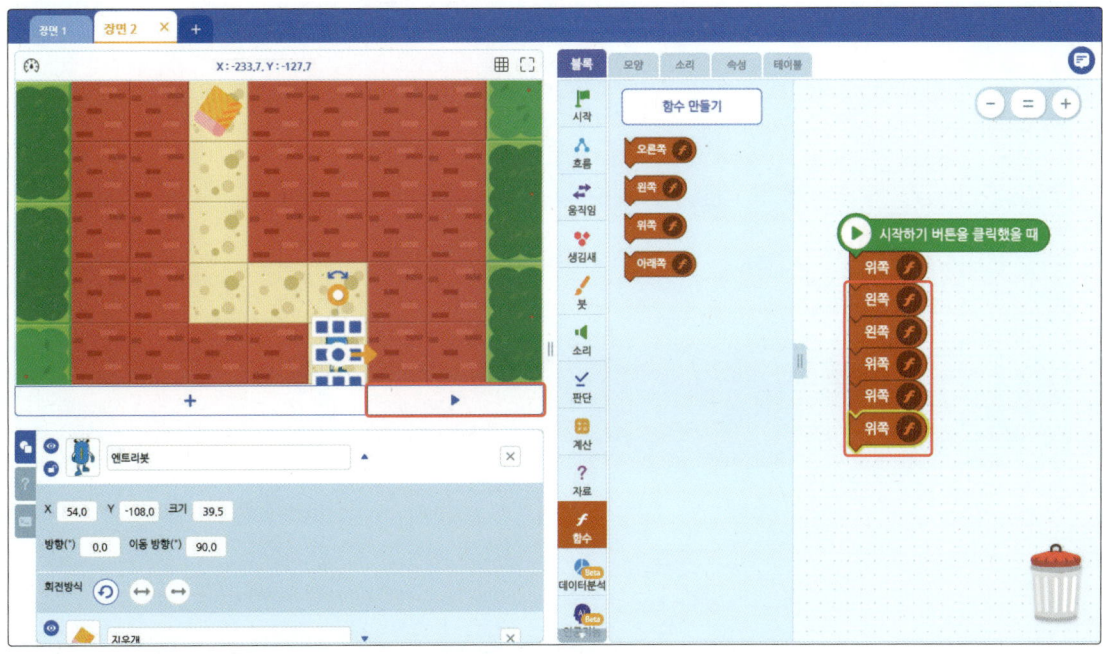

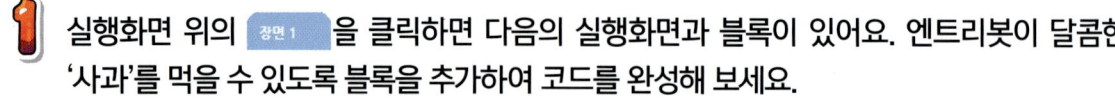

1. 실행화면 위의 장면1 을 클릭하면 다음의 실행화면과 블록이 있어요. 엔트리봇이 달콤한 '사과'를 먹을 수 있도록 블록을 추가하여 코드를 완성해 보세요.

2. 실행화면 위의 장면2 를 클릭하여 엔트리봇이 블루베리를 먹을 수 있도록 블록을 조립해 보세요.

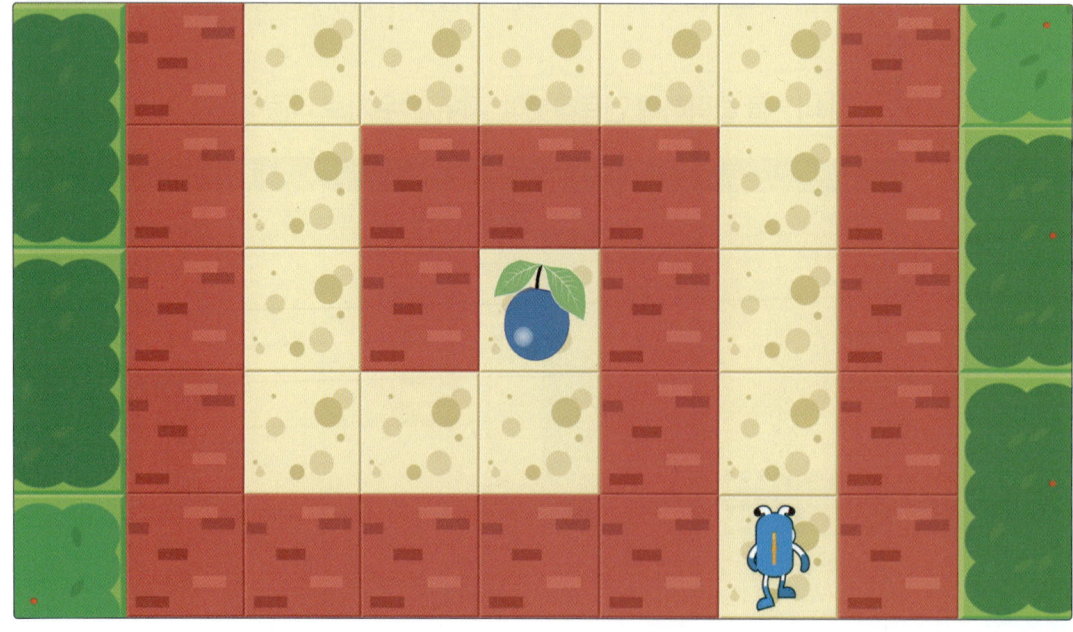

03 스티커로 옷을 입어요

민수와 서연이가 학교에 가기 위해 옷을 입으려고 하는데요. 잘 챙겨 입을 수 있도록 여러분이 명령을 해야 해요. 똑같은 명령이 여러 번 반복해서 사용될 경우에는 반복 명령을 사용하면 명령이 간단해져요. 먼저 한 방향으로 반복해서 움직인 다음 여러 방향으로 반복해서 움직여 볼까요?

학습목표

★ 반복 명령을 이해할 수 있습니다.
★ 한 방향으로 반복 명령을 사용하여 움직일 수 있습니다.
★ 여러 방향으로 반복 명령을 사용하여 움직일 수 있습니다.

정답 : 03정답-1.jpg

 ## 반복 명령에 대해 알아볼까요?

- 같은 동작을 여러 번 반복할 경우, 같은 명령을 여러 번 쓰는 대신에 횟수를 정하여 반복 명령으로 만들면 매우 편리해요.
- 예를 들어 줄넘기를 100번 할 경우, "뛰어"라는 명령을 각각 100번 하는 대신에 "100번 반복해서 뛰어"라고 하는 게 편하겠죠?

- 그럼, 반복 스티커의 모양을 확인해 볼까요? 반복 스티커 안의 숫자만큼 명령을 반복하기로 약속해요.
- 예를 들어 오른쪽으로 5번 이동하는 명령을 반복 명령을 써서 다음과 같이 나타내기로 해요.

⭐ 다음 명령 상자의 빈칸에 민수가 어느 방향으로 몇 칸을 움직여야 하는지 반복 명령 스티커를 붙여 알려 주세요.

 ## 한 방향으로 반복해서 움직여요

① 민수가 속옷을 입을 수 있게 '3'번 반복하여 '오른쪽'으로 이동하는 명령을 했어요.

❷ 반복 명령으로 민수가 '바지'를 입을 수 있도록 도와주세요.

3 여러 방향으로 반복해서 움직여요

❶ 이번에는 오른쪽으로 3칸, 아래쪽으로 4칸 움직여야 해요. 반복 명령을 사용하지 않으면 명령 스티커가  개 필요하지만, 반복 명령을 사용하면 명령 스티커가  개 필요해요.

❷ 반복 명령으로 민수가 '양말'을 신을 수 있도록 도와주세요.

명령

❸ 반복 명령으로 민수가 '신발'을 신을 수 있도록 도와주세요.

명령

1 명령 스티커를 3개만 사용하여 서연이가 '티셔츠'를 입을 수 있게 해 주세요. 정답 : 03정답-2.jpg

2 명령 스티커를 4개만 사용하여 서연이가 '반바지'를 입을 수 있게 해 주세요. 정답 : 03정답-3.jpg

03 스티커로 옷을 입어요   21

04 엔트리로 책가방을 메요

지난 시간에 '반복 명령' 사용하는 것을 배웠죠? 이번 시간에는 반복 블록을 사용해서 엔트리 프로그램을 실행해 볼 거예요. 반복 블록 안에 명령이 몇 개인지, 반복 블록이 몇 개인지에 따라 엔트리봇의 움직임이 크게 달라지는데요, 함께 확인해 볼까요?

학습목표

★ 반복 블록을 사용하여 명령을 반복 실행할 수 있습니다.
★ 반복 블록을 여러 개 사용할 수 있습니다.
★ 반복 블록 안에 여러 개의 명령을 끼워 넣어 사용할 수 있습니다.

미리보기

실습파일 : 책가방 챙기기.ent   완성파일 : 책가방 챙기기(완성).ent

반복 블록을 2개 사용하여
엔트리봇이 책가방 챙기기

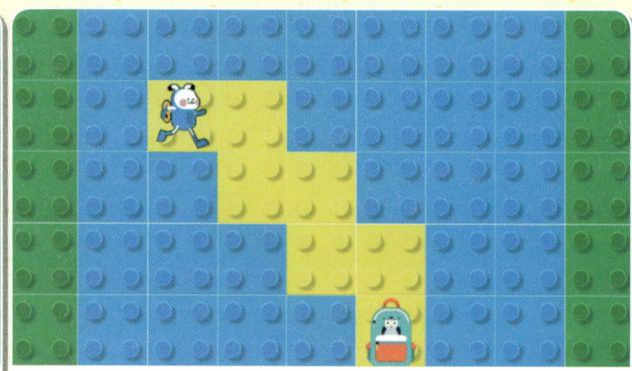

반복 블록 1개에 여러 개의 명령어를 넣어
엔트리봇이 책가방 챙기기

이 블록들을 사용해요

블록 꾸러미	명령 블록	설명
흐름	10 번 반복하기	입력한 횟수만큼 감싸고 있는 블록들을 반복 실행해요.
함수	오른쪽	엔트리봇이 오른쪽을 쳐다보고 오른쪽으로 한 칸 이동해요.
	아래쪽	엔트리봇이 아래쪽을 쳐다보고 아래쪽으로 한 칸 이동해요.

1 반복하기 블록으로 반복 실행해요

❶ 엔트리 프로그램을 실행하고 [파일( )]-[오프라인 작품 불러오기]를 클릭해요. 그리고 [04차시] 폴더의 '책가방 챙기기.ent' 파일을 불러온 후 [장면 1]을 클릭해요.

❷ 엔트리봇이 책가방을 챙길 수 있도록 도와주세요. 먼저 '엔트리봇1' 오브젝트가 오른쪽으로 4번 반복해서 이동하기 위해 '엔트리봇1' 오브젝트를 선택하고 [흐름]의 [10 번 반복하기] 블록을 [시작하기 버튼을 클릭했을 때] 아래로 드래그하여 연결하고 반복 횟수에 '4'를 입력해요.

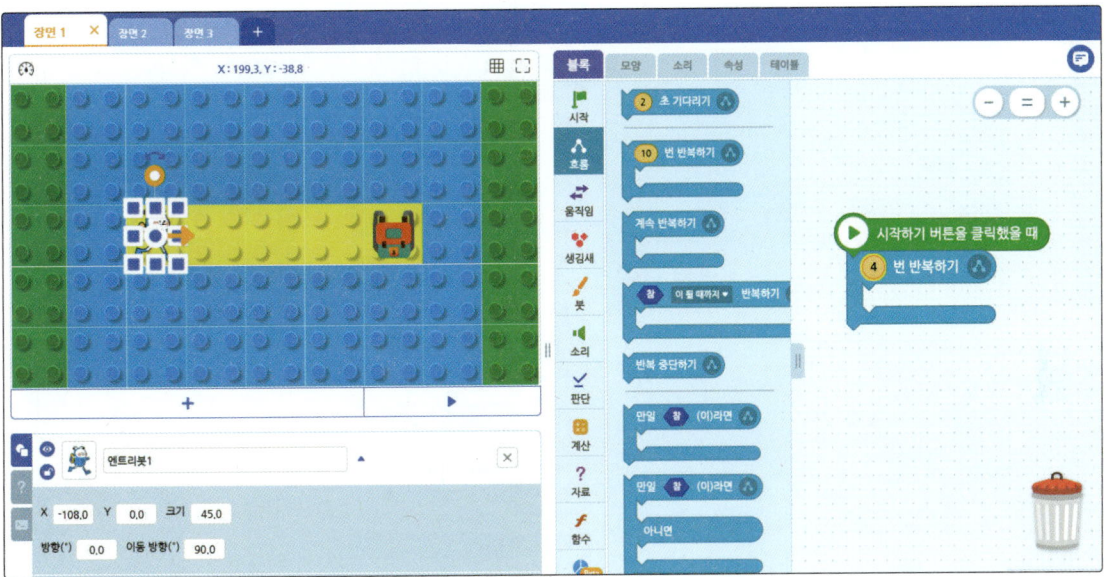

❸ [함수]의 [오른쪽] 블록을 반복 블록 안에 끼워 넣어요.

❹ [시작하기(▶)] 버튼을 눌러 '엔트리봇1' 오브젝트가 '책가방' 위치로 이동하는지 확인해 보세요.

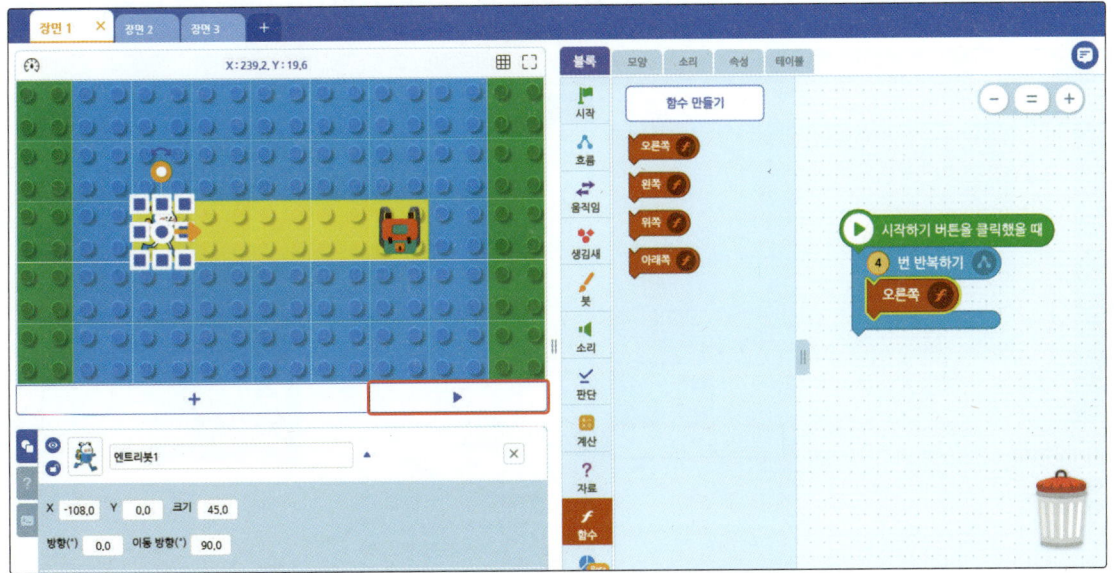

2 반복하기 블록을 여러 번 사용해요

❶ [장면 2]를 클릭해 보세요. 책가방이 놓인 위치가 바뀌었어요. '엔트리봇2' 오브젝트가 아래쪽으로 4번, 오른쪽으로 6번 반복해서 이동하기 위해 [호름]의 [10 번 반복하기] 블록을 [시작하기 버튼을 클릭했을 때] 아래로 드래그하여 2개 연결해요.

❷ 아래로 4칸, 오른쪽으로 6칸 이동해야 하므로 반복 횟수에 각각 '4'와 '6'을 입력해요.

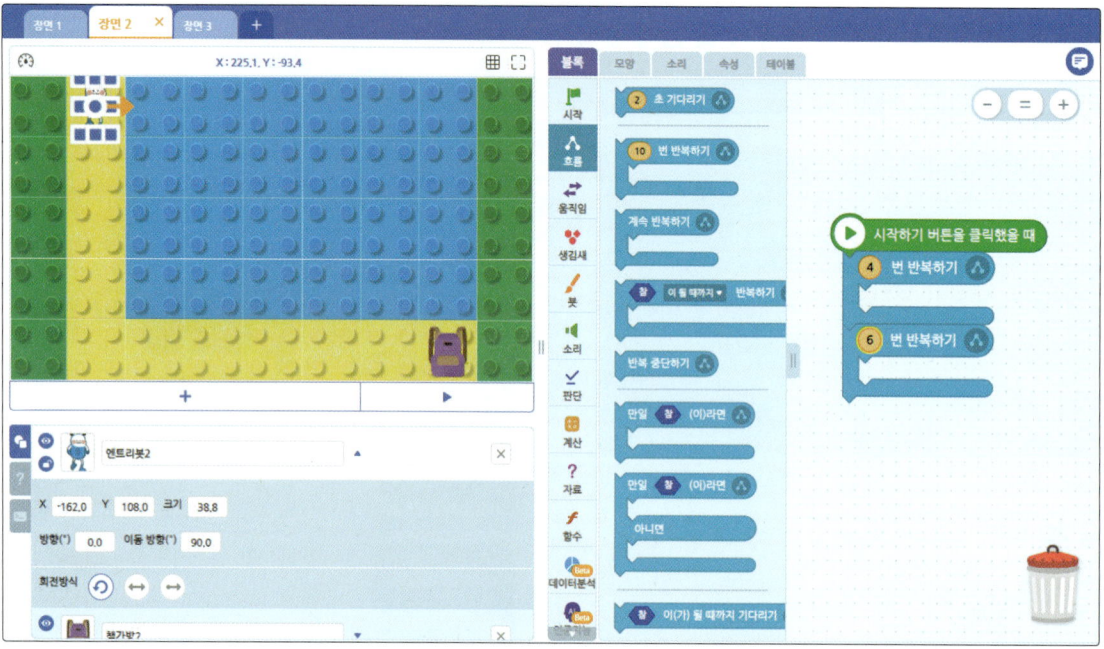

❸ [함수]의 [아래쪽] 블록을 첫 번째 반복 블록 안에 끼워 넣고, [오른쪽] 블록을 두 번째 반복 블록 안에 끼워 넣어요.

❹ [시작하기(▶)] 버튼을 눌러 '엔트리봇2' 오브젝트가 '책가방2' 위치로 이동하는지 확인해 보세요.

3 여러 개의 명령을 반복 실행해요

❶ [장면 3]을 클릭해 보세요. 책가방을 챙기러 가는 길이 더 꼬불꼬불해졌어요. '엔트리봇3' 오브젝트가 오른쪽으로 1칸, 아래쪽으로 1칸 이동하는 것을 3번 반복하기 위해 [흐름]의 [10번 반복하기] 블록을 [시작하기 버튼을 클릭했을 때] 아래로 드래그하여 연결하고 반복 횟수에 '3'을 입력해요.

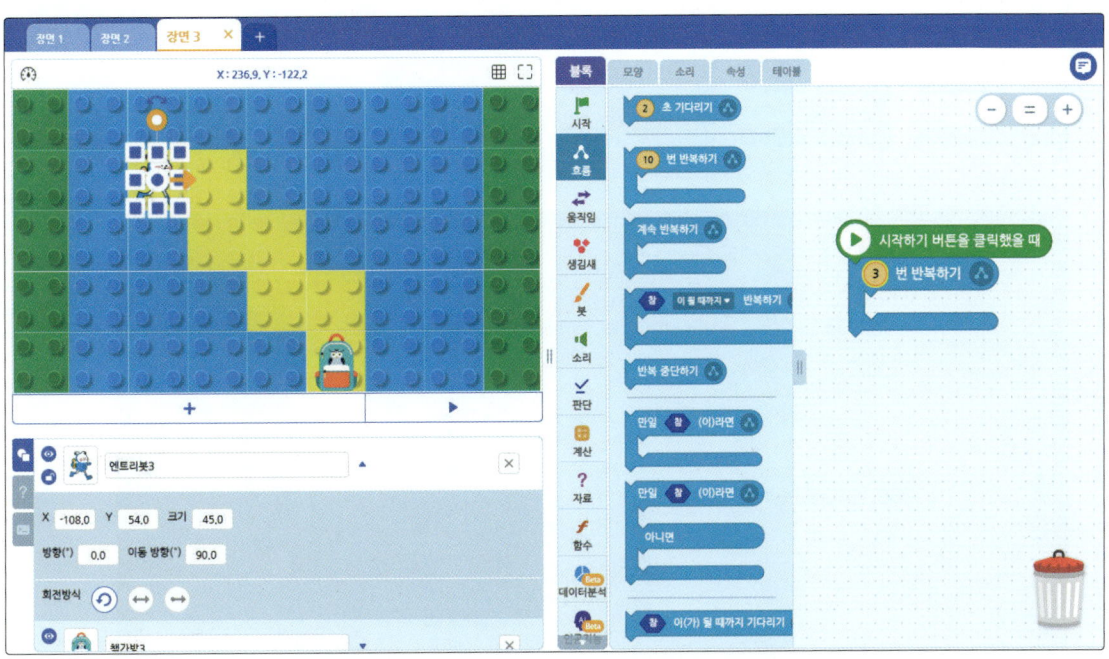

❷ [함수]의 [오른쪽] 블록과 [아래쪽] 블록을 반복 블록 안에 순서대로 끼워 넣어요.

❸ [시작하기(▶)] 버튼을 눌러 '엔트리봇3' 오브젝트가 '책가방3' 위치로 이동하는지 확인해 보세요.

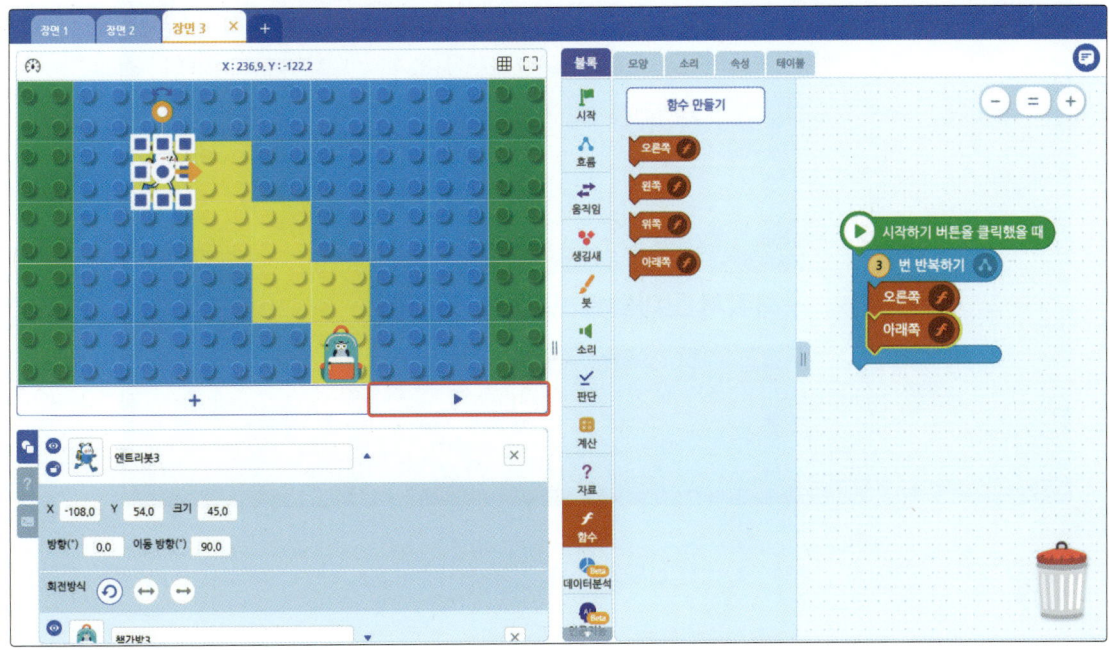

04 엔트리로 책가방을 메요 25

실습파일 : 강아지 구하기.ent   완성파일 : 강아지 구하기(완성).ent

1 엔트리봇이 강아지를 구조할 수 있도록 다음의 블록들을 사용하여 코드를 완성해 보세요.

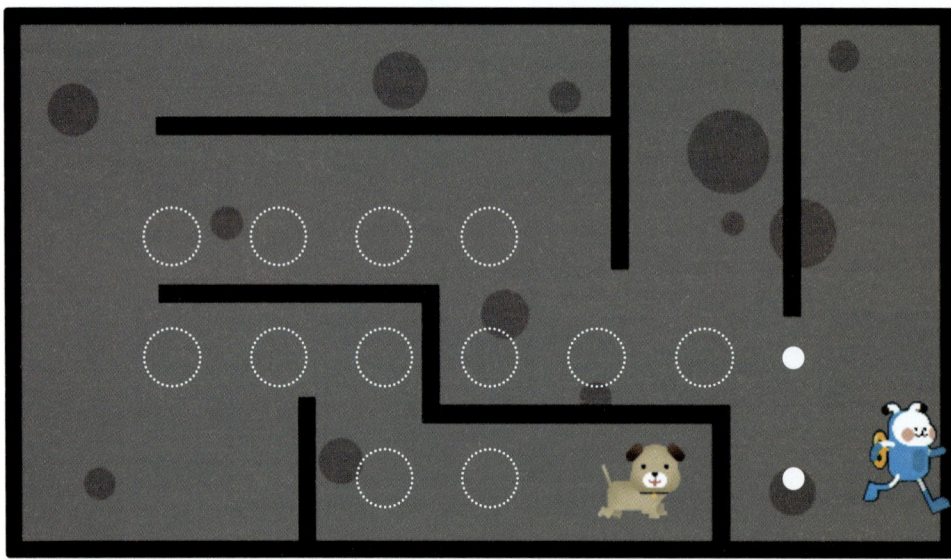

 팁 '강아지' 오브젝트에는 엔트리봇을 만나면 "구해줘서 고마워요. 멍멍!!"을 말하도록 코딩되어 있어요.

05 스티커로 학교에 가요

늦잠을 잔 주원이는 학교에 지각할 것 같았어요. 다행이 엄마께서 차로 학교까지 데려다 주신다고 해요. 엄마와 함께 자동차를 타고 학교까지 안전하게 갈 수 있도록 여러분이 직진과 우회전, 좌회전 명령으로 자동차를 움직여 주세요.

학습목표

★ 직진 명령으로 자동차가 바라보는 방향으로 움직일 수 있습니다.
★ 좌회전과 우회전 명령으로 자동차가 바라보는 방향을 바꿀 수 있습니다.
★ 반복 명령을 사용하여 명령을 간단하게 만들 수 있습니다.

정답 : 05정답-1.jpg

 : 직진　　 : 우회전　　 : 좌회전

05 스티커로 학교에 가요　27

다음 명령 상자의 빈칸에 자동차가 표시된 곳에 도착하려면 어느 방향으로 몇 칸을 움직여야 하는지, 명령 스티커를 붙여 알려 주세요. 자동차는 직진(↑), 우회전(↱), 좌회전(↰)을 할 수 있어요.

 직진 후 우회전해요

❶ 자동차가 점선으로 표시된 교차로까지 갈 수 있도록 명령해 보세요.

❷ 자동차가 오른쪽 방향으로 가기 위해 우회전하도록 명령해 보세요.

2 직진 후 좌회전해요

❶ 자동차가 점선으로 표시된 교차로까지 갈 수 있도록 명령해 보세요.

명령

❷ 자동차가 왼쪽 방향으로 가기 위해 좌회전하도록 명령해 보세요.

3 학교까지 무사히 도착해요

❶ 자동차가 학교 앞까지 갈 수 있도록 명령 스티커로 움직여 보세요.

❷ 자동차가 집에서 출발하여 학교에 도착하도록 이동시키는 명령을 확인해 보세요.

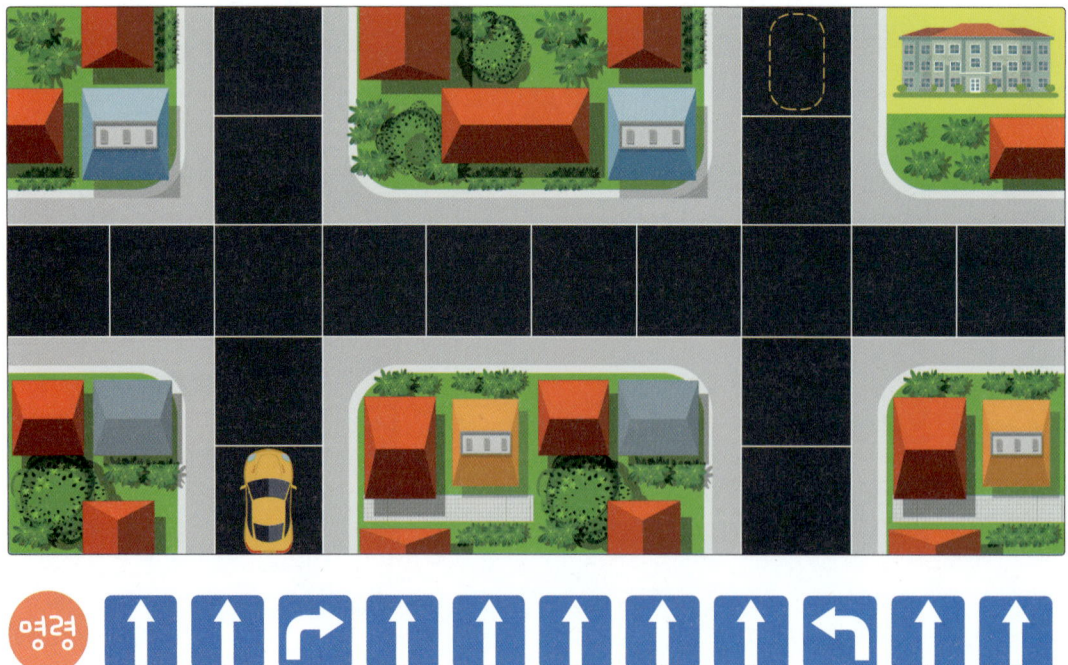

1. 자동차가 집에서부터 학교까지 반복 명령을 사용하여 이동하도록 명령 스티커를 붙여 보세요.

정답 : 05정답-2.jpg

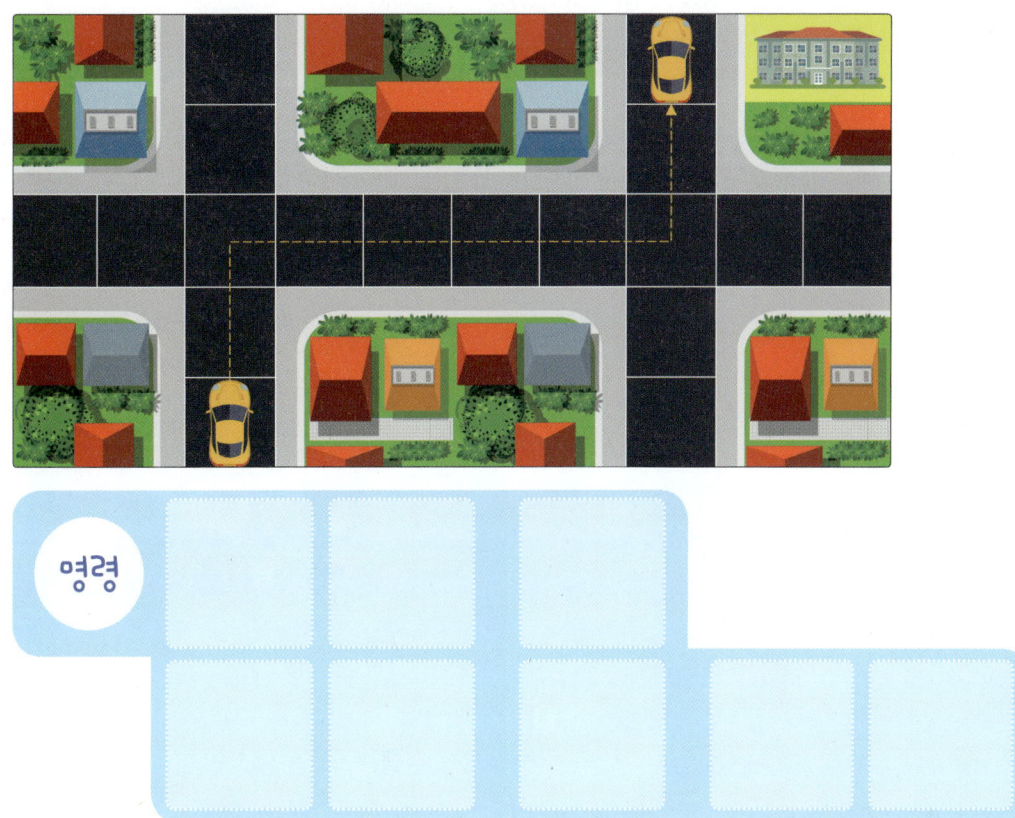

명령

2. 다음 자동차가 다른 장소에서 출발하여 학교까지 반복 명령 없이 이동하도록 명령할 경우, 직진, 우회전, 좌회전 스티커는 각각 몇 개씩 필요한지 빈칸에 알맞게 쓰세요. 정답 : 05정답-3.jpg

 :   개   :   개   :   개

05 스티커로 학교에 가요

06 엔트리로 경찰차를 출동시켜요!

엔트리봇이 콧노래를 부르며 길을 가고 있는데, 학교 앞 교차로에서 갑자기 "쿵!" 하는 소리가 났어요. 이 일을 어째요. 택시와 승용차가 부딪히는 교통사고가 났어요. 여러분이 엔트리로 직진과 좌회전, 우회전 명령을 해서 경찰차를 사고가 난 곳까지 이동시키고, 사고 현장에 도착하면 도착했음을 말하도록 만들어 보아요.

학습목표

★ 직진 블록을 사용하여 경찰차를 이동 방향으로 이동시킬 수 있습니다.
★ 우회전과 좌회전 블록을 사용하여 경찰차를 회전시킬 수 있습니다.
★ 말하기 블록을 사용하여 경찰차가 말풍선으로 말하게 할 수 있습니다.

실습파일 : 경찰차 출동하기.ent   완성파일 : 경찰차 출동하기(완성).ent

경찰차가 교차로를 2개 지나 사고 현장까지 이동하기

경찰차가 사고 현장에 도착하여 "도착!"을 2초 동안 말하기

이 블록들을 사용해요

블록 꾸러미	명령 블록	설명
함수	직진	경찰차가 이동 방향으로 한 칸 이동해요.
함수	우회전	경찰차의 방향을 오른쪽으로 90도만큼 회전해요.
함수	좌회전	경찰차의 방향을 왼쪽으로 90도만큼 회전해요.
생김새	안녕! 을(를) 4 초 동안 말하기	오브젝트가 입력된 내용을 입력된 시간 동안 말풍선으로 말한 후 다음 블록을 실행해요.

32

 이렇게 만들어요

경찰차 → 2번 직진 → 오른쪽으로 회전 → 2번 직진 → 왼쪽으로 회전 → 3번 직진 후 말하기

 경찰차를 첫 번째 교차로까지 움직여요

① 엔트리 프로그램을 실행하여 [06차시] 폴더의 '경찰차 출동하기.ent' 파일을 불러와요.

② '경찰차' 오브젝트가 첫 번째 교차로로 2칸 이동하려고 해요. '경찰차' 오브젝트를 선택하고 [함수]의 [직진] 블록을 [시작하기 버튼을 클릭했을 때] 아래로 드래그하여 2개 연결해요.

③ '경찰차' 오브젝트가 첫 번째 교차로에서 오른쪽으로 회전하기 위해 [함수]의 [우회전] 블록을 드래그하여 맨 아래에 연결해요.

06 엔트리로 경찰차를 출동시켜요! 33

3 경찰차를 두 번째 교차로까지 움직여요

❶ '경찰차' 오브젝트가 다음 교차로로 2칸 이동하려고 해요. 함수의 직진 블록 2개를 드래그하여 연결해요.

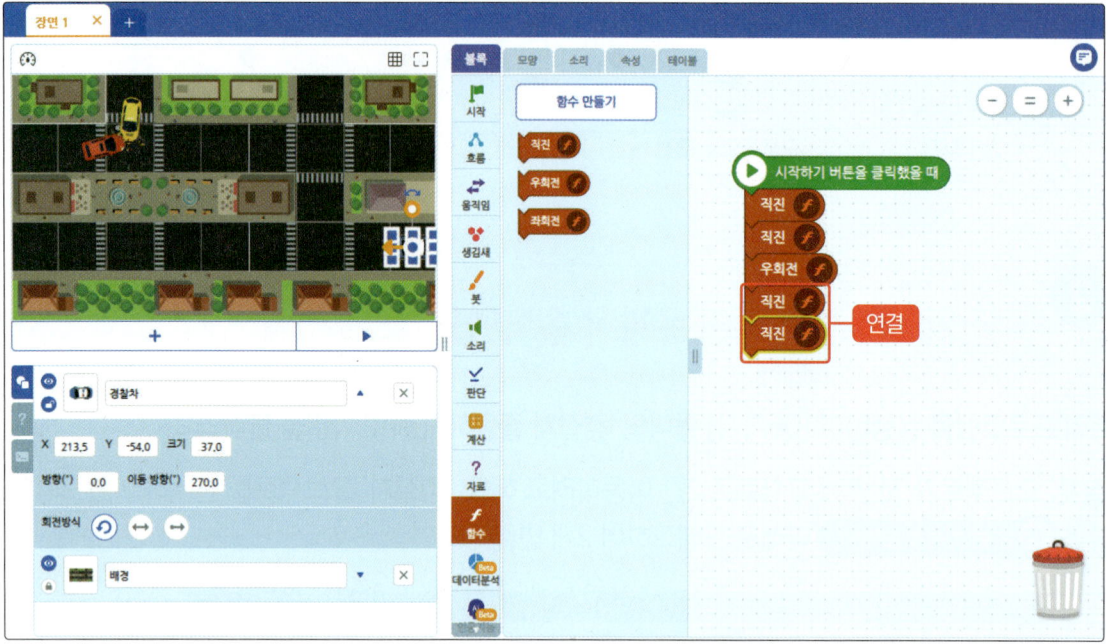

❷ '경찰차' 오브젝트가 두 번째 교차로에서 왼쪽으로 회전하기 위해 함수의 좌회전 블록을 드래그하여 연결해요.

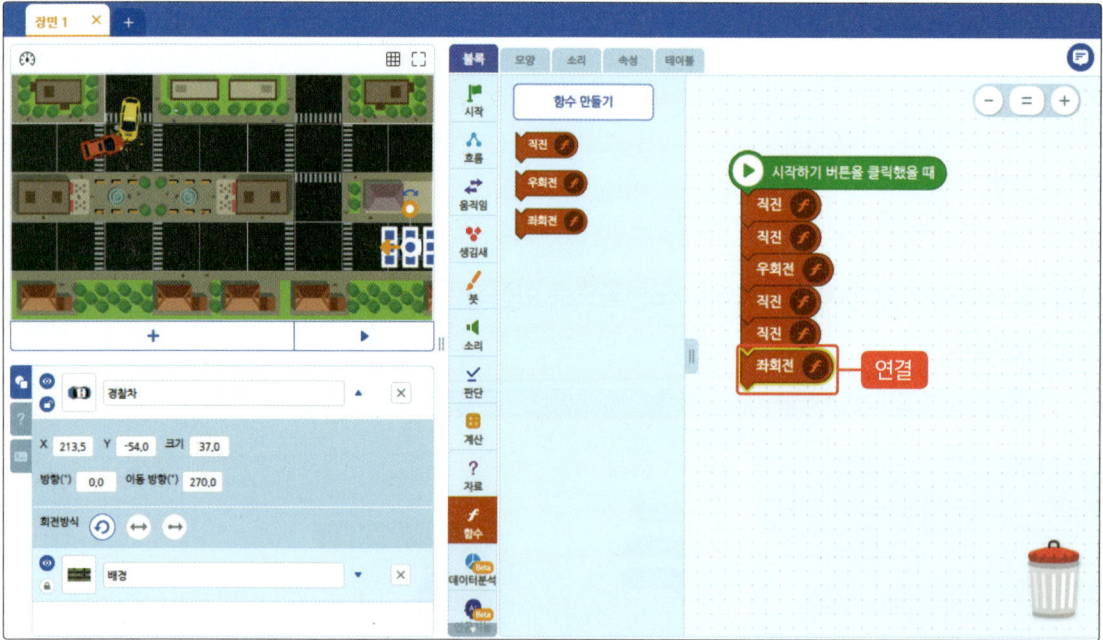

4 경찰차가 사고 현장에 도착하면 알려 줘요

① '경찰차' 오브젝트가 사고 현장까지 3칸 이동하려고 해요. 함수의 직진 블록 3개를 드래그하여 연결해요.

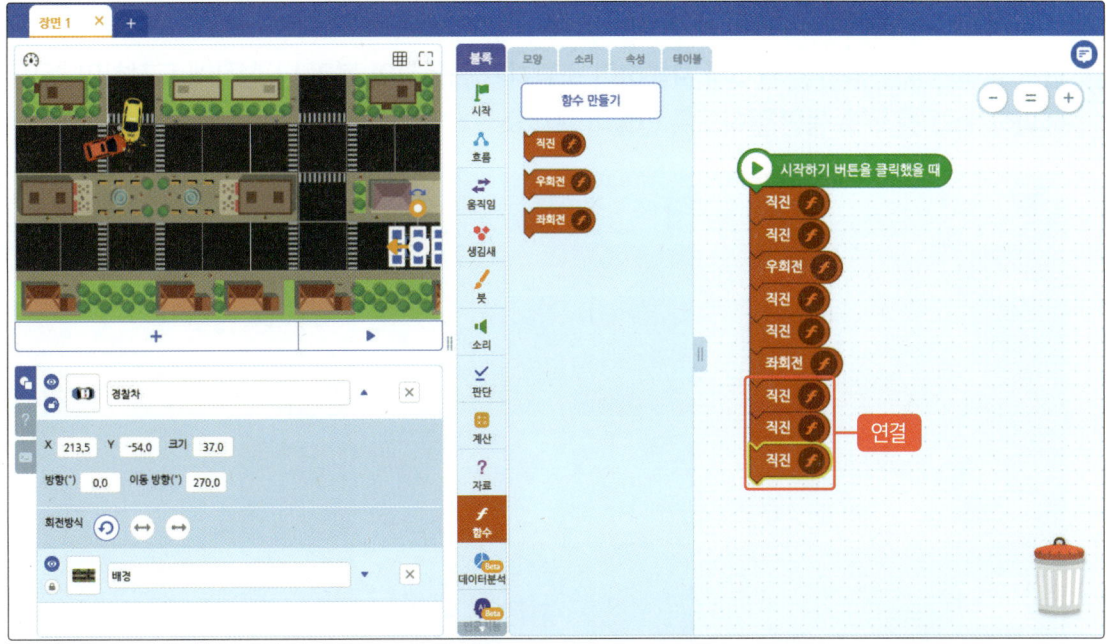

② 생김새의 [안녕! 을(를) 4 초 동안 말하기] 블록을 드래그하여 연결한 후 내용을 클릭하여 '도착'을 '2'초 동안 말하도록 입력해요.

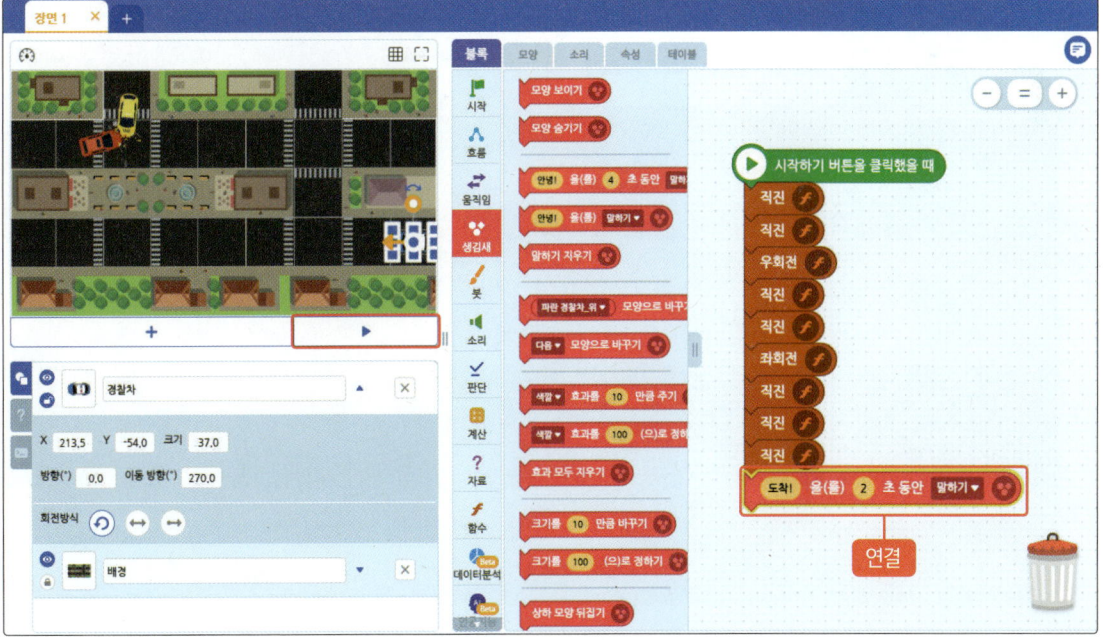

③ [시작하기(▶)] 버튼을 눌러 경찰차가 사고 현장까지 이동하여 도착했다고 알리는지 확인해 보세요.

실습파일 : 소방차 출동하기.ent   **완성파일** : 소방차 출동하기(완성).ent

1 반복 블록인 ![10번 반복하기]를 3개 사용하여 소방차가 출동하여 불이 난 현장에 도착하면 "모두 대피하세요!"를 '3'초 동안 말하도록 만들어 보세요.

07 스티커로 학교에 가는 길이에요

학교 가는 길에는 여러 곳을 지나게 돼요. 보통 편의점, 놀이터, 복지센터, 문구점 등을 지나서 학교에 도착하게 되는데요. 집에서 학교까지 가는 길에 어떤 장소들이 있는지 알아보고, 그곳을 이용해 본 경험을 떠올려 스티커를 붙여 주세요.

학 습 목 표

★ 편의점과 문구점의 이용에 대해 이해할 수 있습니다.
★ 행정복지센터의 이용에 대해 이해할 수 있습니다.
★ 등하굣길 게임으로 마우스 드래그하는 연습을 할 수 있습니다.

정답 : 07정답-1.jpg

 **1 편의점**

❶ 사람들이 편하게 이용할 수 있도록 24시간 하루 종일 문을 여는 가게를 ☐☐☐ 이라고 해요.

❷ 여러분이 알고 있는 편의점의 종류를 써 볼까요?

❸ 편의점을 이용해 본 적이 있나요? 그렇다면 편의점에서 어떤 물건을 샀는지 떠올려 써 보세요.

❹ 10개의 스티커 중 편의점에서 살 수 있는 것과 그렇지 않은 것을 구분하여 붙여 보세요. [스티커 2. 1줄 7칸~2줄]

▲ 편의점에서 살 수 있어요.   ▲ 편의점에서 살 수 없어요.

2 행정복지센터

❶ 지역 주민들의 생활에 필요한 여러 가지 일을 처리하는 곳을 ☐☐☐☐☐☐ 라고 해요. 예전에는 주민센터 또는 주민자치센터라고 했지만, 지금은 이름이 바뀌었어요.

❷ 행정복지센터에서는 정말 많은 일들을 처리하고 있는데요. 다음 중 행정복지센터에서 하는 일에는 ○표, 그렇지 않는 일에는 X 표 해 보세요.

- 우리 가족이 누구인지 증명하는 가족관계증명서 등 여러 가지 증명서를 만들어 줘요. ☐

- 주민들이 TV, 냉장고, 가구 등의 못 쓰게 된 물건을 버릴 수 있도록 신청을 받아서 처리해요. ☐

- 주민들의 건강을 위해 진료를 하거나 예방 접종을 해요. ☐

- 주민들이 책을 빌리거나 공부할 수 있는 작은 도서관을 운영해요. ☐

- 외국어, 탁구, 요가 등 다양한 교육 프로그램을 운영해요. ☐

- 불이 났을 때 소방차와 소방대원들이 빠르게 출동하여 불을 꺼요. ☐

- 도움이 필요한 지역 주민들에게 도움을 주는 복지 서비스를 제공해요. ☐

- 법을 어기고 나쁜 짓을 한 사람들을 찾아서 경찰서로 보내요. ☐

❸ 우리 동네 행정복지센터 홈페이지에 접속하여 다음의 내용을 확인하고 써 보세요.

- 주소 :

- 전화번호 :

- 이용 시간 :

 **3 문구점**

❶ 필기 도구나 공책 등의 학용품을 파는 곳을 ☐ ☐ ☐ 또는 문방구라고 해요.

❷ 여러분이 알고 있는 문구점의 종류를 써 볼까요?

❸ 문구점을 이용해 본 적이 있나요? 그렇다면 문구점에서 어떤 물건을 샀는지 떠올려 써 보세요.

❹ 10개의 스티커 중 문구점에서 살 수 있는 것과 그렇지 않은 것을 구분하여 붙여 보세요. [스티커 2. 3~4줄 2칸]

▲ 문구점에서 살 수 있어요.

▲ 문구점에서 살 수 없어요.

실습파일 : 등하굣길 게임.ppsx

 장애물을 피하면서 마우스를 드래그하여 학교에 도착하면 마우스를 클릭해요. 그리고 다시 안전하게 집으로 돌아와서 클릭하는 게임을 해 보세요.

> **팁** 마우스 포인트를 확인하면서 마우스를 이동하면 돼요. 장애물에 닿지 않도록 조심조심 길을 따라가 보아요.

08 엔트리로 학교에 들어가요

학교 앞에 도착한 엔트리봇이 교문을 지나서 학교 안으로 들어가려고 해요. 키보드의 오른쪽이나 왼쪽 화살표 키를 누르면 엔트리봇이 오른쪽이나 왼쪽으로 이동하게 만들어 보아요. 그리고 위쪽으로 이동하면 크기가 작아지고, 아래쪽으로 이동하면 크기가 커지도록 실감 나게 만들어 보아요.

학습목표

★ '오른쪽/왼쪽' 화살표 키를 누르면 오브젝트를 '오른쪽/왼쪽'으로 이동시킬 수 있습니다.
★ '위쪽/아래쪽' 화살표 키를 누르면 '위쪽/아래쪽'으로 이동시킬 수 있습니다.
★ '위쪽/아래쪽' 화살표 키를 누르면 오브젝트 크기가 작아지거나 커지게 할 수 있습니다.

미리보기

실습파일 : 옆으로 이동.ent   완성파일 : 옆으로 이동(완성).ent

| 오른쪽 화살표 키를 누르면 오브젝트가 오른쪽으로 이동하기 | 왼쪽 화살표 키를 누르면 오브젝트가 왼쪽으로 이동하기 |

이 블록들을 사용해요

블록 꾸러미	명령 블록	설명
시작	q▼ 키를 눌렀을 때	선택한 키를 누르면 아래에 연결된 블록들을 실행해요.
움직임	x 좌표를 10 만큼 바꾸기	오브젝트의 가로 위치(x 좌표)를 입력한 값만큼 바꿉니다.
	y 좌표를 10 만큼 바꾸기	오브젝트의 세로 위치(y 좌표)를 입력한 값만큼 바꿉니다.
생김새	크기를 10 만큼 바꾸기	오브젝트의 크기를 입력한 값만큼 바꿔요. 크기가 '0'보다 크면 커지고, '0'보다 작으면 작아져요.

 이렇게 만들어 봐요

 →  →  →  →

엔트리봇 　　오른쪽 화살표 키 누름　　오른쪽으로 이동　　왼쪽 화살표 키 누름　　왼쪽으로 이동

 오른쪽 화살표 키를 눌러 오른쪽으로 이동해요

❶ 엔트리 프로그램을 실행하여 [08차시] 폴더의 '옆으로 이동.ent' 파일을 불러와요.

❷ 오른쪽 화살표 키를 누르면 오른쪽으로 이동하려고 해요. '엔트리봇' 오브젝트를 선택하고 [시작]의 `q 키를 눌렀을 때` 블록을 드래그하여 추가한 후 `q`를 눌러 '오른쪽 화살표' 키로 선택해요.

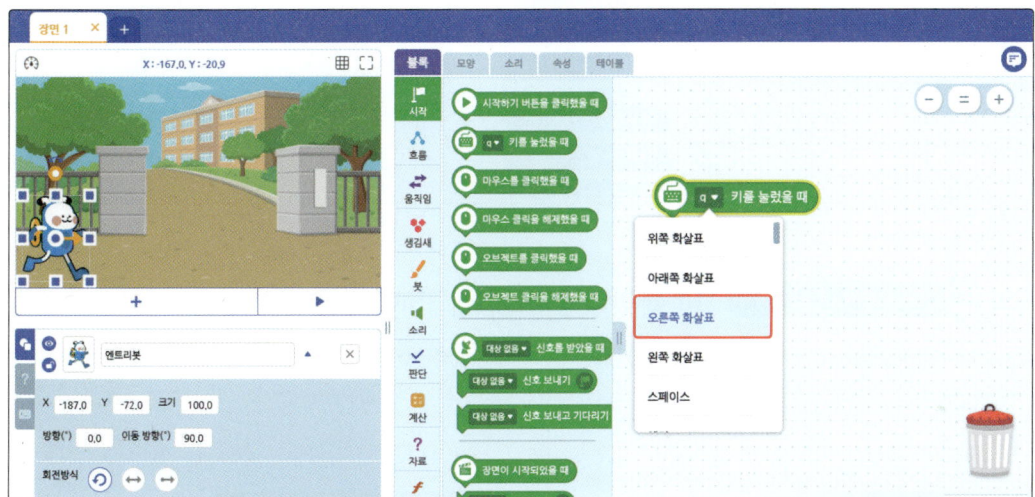

❸ 오른쪽 화살표 키를 누르면 오른쪽 방향으로 이동하기 위해 [움직임]의 `x 좌표를 10 만큼 바꾸기` 블록을 드래그하여 아래에 연결해요.

팁: 'x 좌표'는 가로의 위치를 나타내는데, `x 좌표를 10 만큼 바꾸기`는 오른쪽으로 '10'만큼 이동하는 것을 나타내요.

3 왼쪽 화살표 키를 눌러 왼쪽으로 이동해요

1 이번에는 왼쪽 화살표 키를 누르면 왼쪽으로 이동하려고 해요. `오른쪽 화살표 키를 눌렀을 때` 블록을 마우스 오른쪽 버튼으로 클릭하여 **[코드 복사&붙여넣기]**를 선택해요.

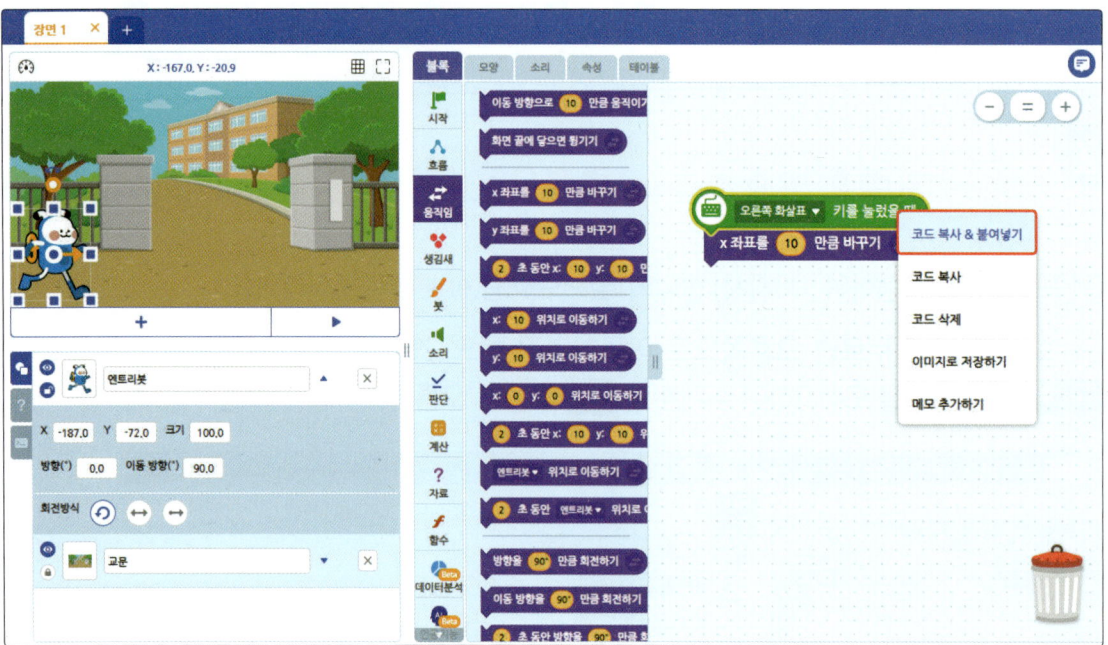

2 복제된 코드의 `오른쪽 화살표 키를 눌렀을 때` 블록을 아래쪽으로 드래그하여 이동해요.

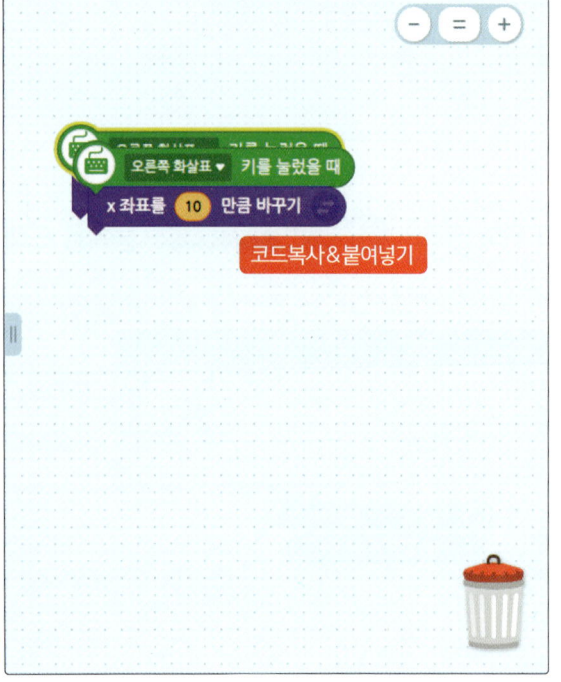
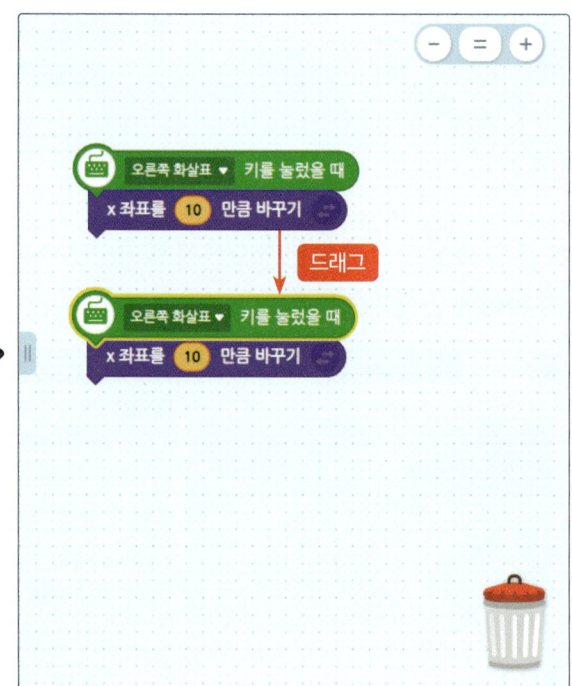

44

❸ 복제된 코드에서 키를 '왼쪽 화살표'로 변경해요.

❹ 복제된 코드에서 이동 방향을 '-10'으로 입력해요.

❺ [시작하기(▶)] 버튼을 눌러 보세요. 그리고 키보드의 오른쪽 화살표 키와 왼쪽 화살표 키를 눌러 엔트리봇이 옆으로 잘 이동하는지 확인해 보세요.

실습파일 : 위아래로 이동.ent   완성파일 : 위아래로 이동(완성).ent

1 엔트리봇이 위쪽으로 이동할 때 크기가 작아지게 하고, 아래쪽으로 이동할 때 크기가 커지게 만들어 보세요.

힌트 • 다음의 블록들을 사용해 보세요.

y 좌표를 10 만큼 바꾸기   y 좌표를 -10 만큼 바꾸기

크기를 10 만큼 바꾸기   크기를 -10 만큼 바꾸기

• 크기를 10 만큼 바꾸기 블록은 꾸러미에 있으며, 크기 값이 '10'이면 10만큼 커지고 '-10'이면 '10' 만큼 작아져요.

09 스티커로 나를 소개해요

친구들에게 나를 소개하는 것은 조금 부끄러운 일일수도 있지만, 친구들이 나에 대해 더 잘 이해하고 친해질 수 있는 좋은 기회랍니다. 이번 시간에는 나의 모습, 나의 희망 직업, 나의 가족을 그려 보고 소개하는 내용을 써 보도록 할 거예요. 그리고 친구들이 희망 하는 직업을 1위부터 10위까지 함께 알아보아요.

학습목표

★ 스티커를 이용하여 나의 모습을 그리고 소개할 수 있습니다.
★ 나의 희망 직업을 그림과 글로 표현해 보면서 꿈을 이루기 위해 어떻게 해야 하는지 설명할 수 있습니다.
★ 나의 가족을 그림으로 그리고 소개할 수 있습니다.

미리보기

정답 : 09정답-1.jpg

1 스티커와 함께 자신의 얼굴을 그려요

❶ 자신의 모습과 비슷한 눈을 찾아 붙인 다음, 얼굴 전체 모습을 그리고 색칠하여 완성해 보세요.
　[스티커 2. 4줄 3칸~5줄 2칸]

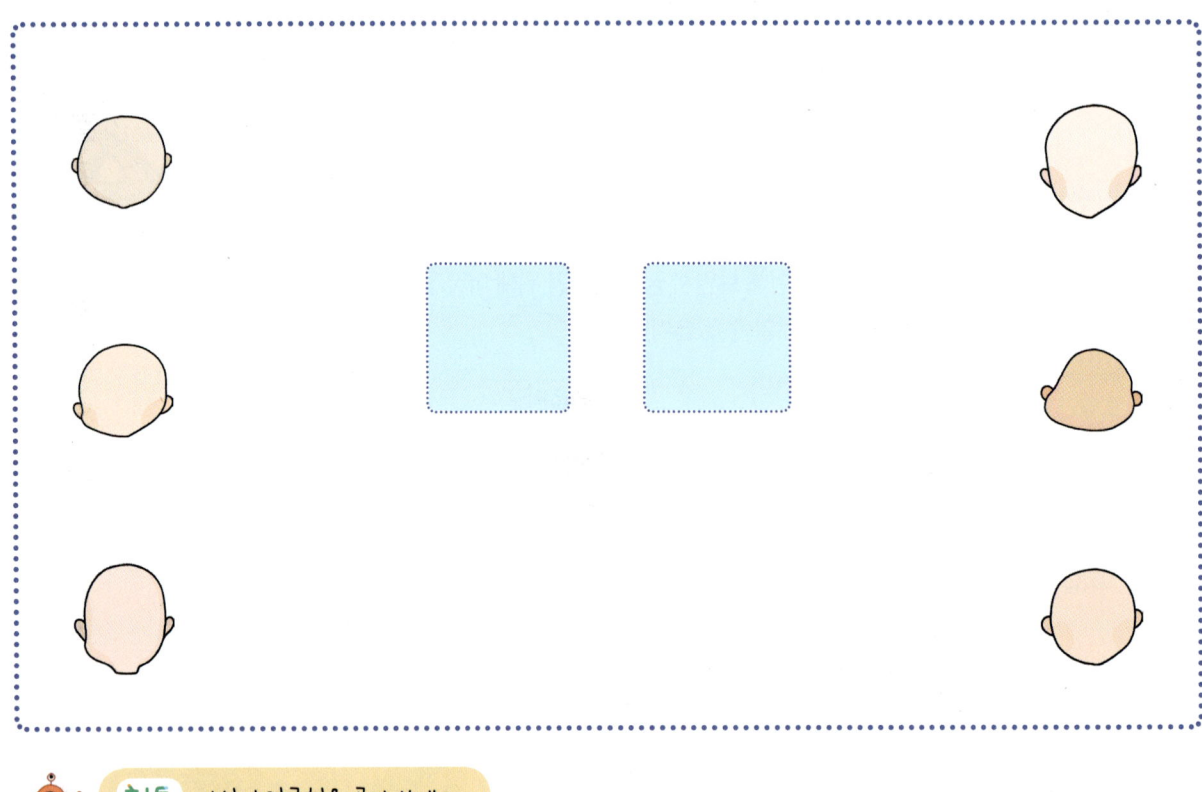

힌트 자신의 얼굴형을 골라 보세요.

❷ 친구들에게 자신을 소개할 수 있도록 다음의 빈칸에 알맞은 내용을 쓰고, '지금 나의 기분'을 스티커를 찾아 붙여 보세요. [스티커 2. 5줄 3칸~8칸]

이름 삼행시		별명	
성격		취미	
좋아하는 음식		존경하는 사람	
지금 나의 기분		친구들에게 하고 싶은 말	

48

 ## 2 나의 희망 직업을 그려 보아요

❶ 여러분은 자라서 어른이 되면 어떤 직업을 갖기를 꿈꾸나요? 다음 빈칸에 그림을 그려서 표현해 보세요.

❷ 다음 빈칸에 꿈꾸는 직업과 꿈꾸는 이유, 그리고 꿈을 이루기 위해 어떤 노력을 해야 할지 써 보세요.

꿈꾸는 직업	
꿈꾸는 이유	
꿈을 이루기 위해 필요한 노력	

❶ 친구들에게 우리 가족을 소개해 볼까요? 가족의 모습을 그린 다음 빈칸에 알맞은 내용을 써 보세요.

소개할 가족	
이름	
잘하는 것	
좋아하는 음식	
특징	

팁 가족은 한 명만 소개해도 되고 여러 명을 소개해도 됩니다.

실습파일 : 희망 직업.ppsx

 친구들의 희망 직업들을 살펴보고, 1위부터 10위까지의 순위는 어떻게 되는지 순서대로 클릭하여 맞혀 보세요.

> **팁** 정답을 맞히면 동그라미 표시가 돼요. 이후 파워포인트 화면의 흰 바탕을 클릭하면 '희망 직업 순위' 칸에 순서대로 직업이 등록이 돼요.

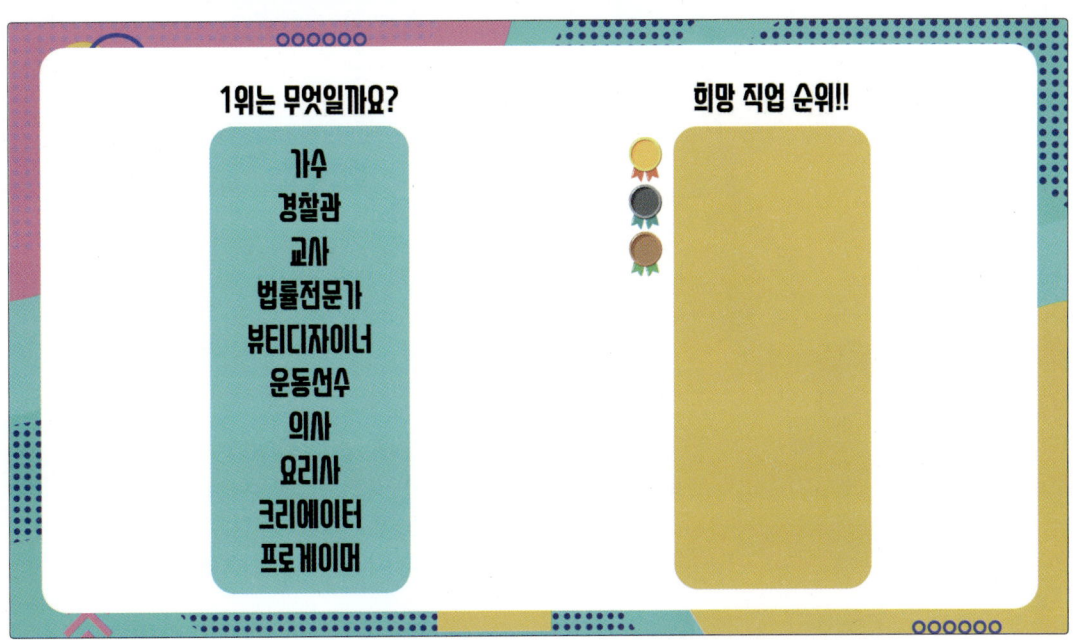

10 엔트리로 나를 소개해요

교문을 지나 교실에 도착한 엔트리봇이 수업 첫 시간에 친구들에게 자기소개를 하려고 해요. 성격이 밝고 활동적인 엔트리봇은 가만히 서서 자신을 소개하지 않고 오브젝트 모양을 바꿔 가면서 즐겁고 멋지게 자신을 소개했어요. 여러분도 친구들에게 멋지게 자기소개를 해 볼까요?

학습목표

★ 오브젝트가 말하게 할 수 있습니다.
★ 오브젝트의 모양 이름을 바꿀 수 있습니다.
★ 오브젝트의 모양을 선택하여 바꿀 수 있습니다.

실습파일 : 내 소개.ent   **완성파일** : 내 소개(완성).ent

'야호' 모양으로 바꾼 후 취미 말하기

'안녕' 모양으로 바꾼 후 자기소개 마무리하기

이 블록들을 사용해요

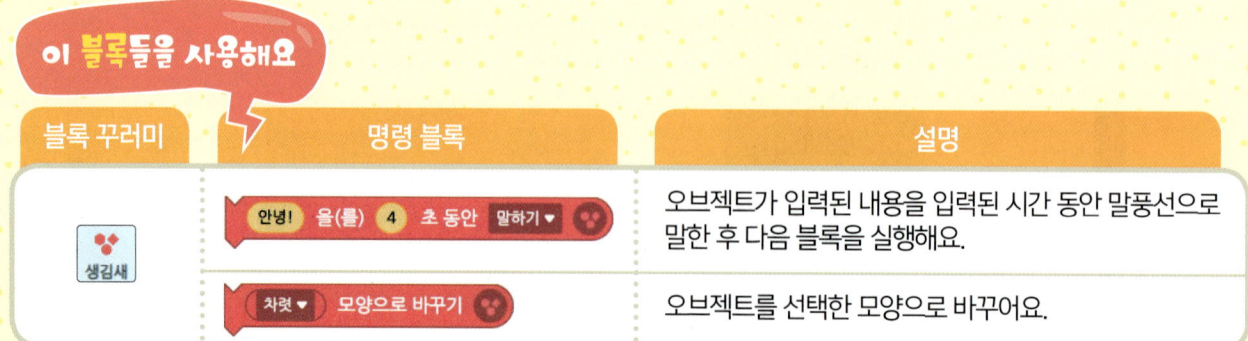

블록 꾸러미	명령 블록	설명
생김새	안녕! 을(를) 4 초 동안 말하기 ▼	오브젝트가 입력된 내용을 입력된 시간 동안 말풍선으로 말한 후 다음 블록을 실행해요.
	차렷 ▼ 모양으로 바꾸기	오브젝트를 선택한 모양으로 바꾸어요.

52

 **이렇게 만들어요**

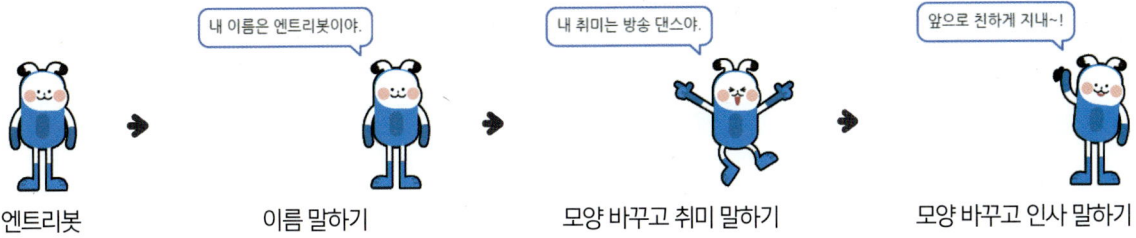

| 엔트리봇 | 이름 말하기 | 모양 바꾸고 취미 말하기 | 모양 바꾸고 인사 말하기 |

 **친구들에게 내 이름을 말해요**

① 엔트리 프로그램을 실행하여 [10차시] 폴더의 '내 소개.ent' 파일을 불러와요.

② 엔트리봇이 친구들에게 이름을 말할 수 있도록 도와주세요. '엔트리봇' 오브젝트를 선택하고 시작의 시작하기 버튼을 클릭했을 때 블록을 드래그하여 추가해요.

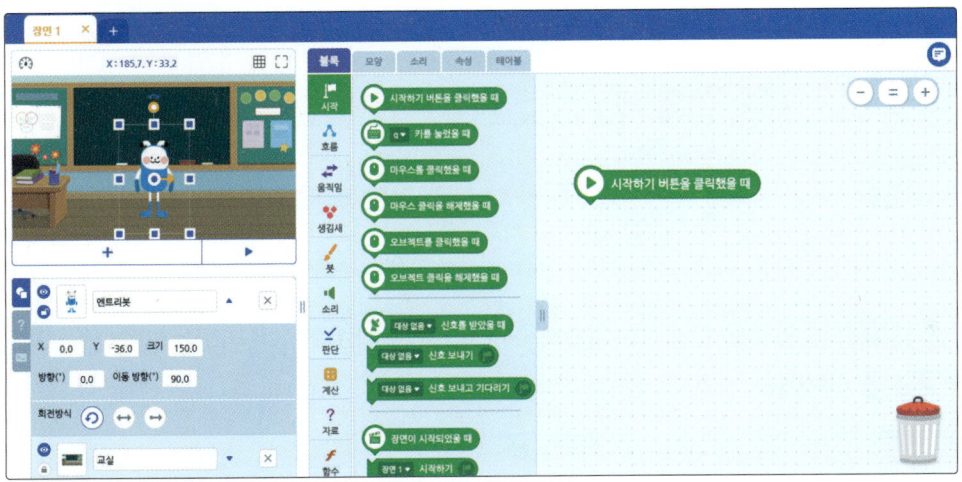

③ 생김새의 〔안녕! 을(를) 4 초 동안 말하기〕 블록을 드래그하여 아래에 연결한 후 내용에 "내 이름은 엔트리봇이야."를 입력하고, 숫자에 '2'를 입력해요.

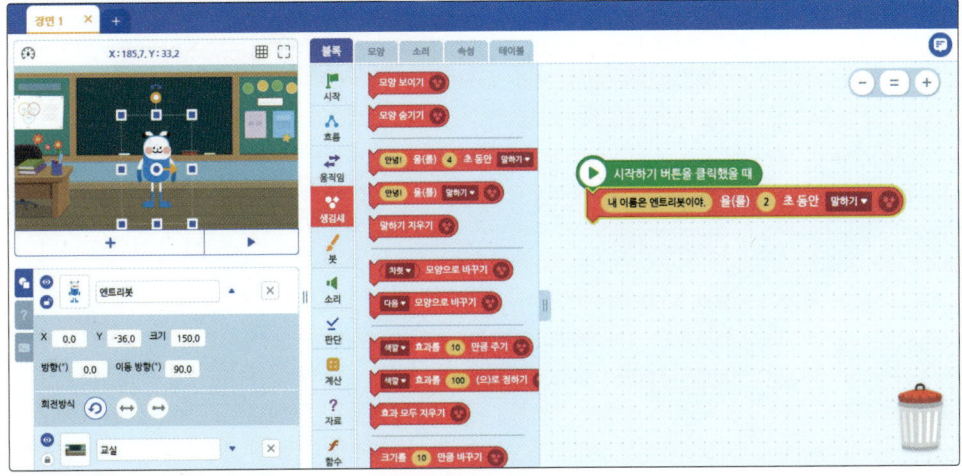

10 엔트리로 나를 소개해요 53

3 모양을 바꿔가며 말해요

❶ 오브젝트의 모양을 바꾸려고 해요. `차렷▼ 모양으로 바꾸기` 블록을 드래그하여 아래에 연결한 후, 모양을 '야호'로 선택해요.

> 팁: 모양 탭을 눌러 '차렷', '야호', '안녕' 모양이 있는 것을 확인할 수 있어요.

❷ `안녕! 을(를) 4 초 동안 말하기▼` 블록을 드래그하여 아래에 연결한 후 내용에 "내 취미는 방송 댄스야."를 입력하고, 시간값에 '2'초를 입력해요.

❸ `야호▼ 모양으로 바꾸기` 블록을 마우스 오른쪽 버튼으로 클릭하여 **[코드 복사&붙여넣기]**를 선택해요.

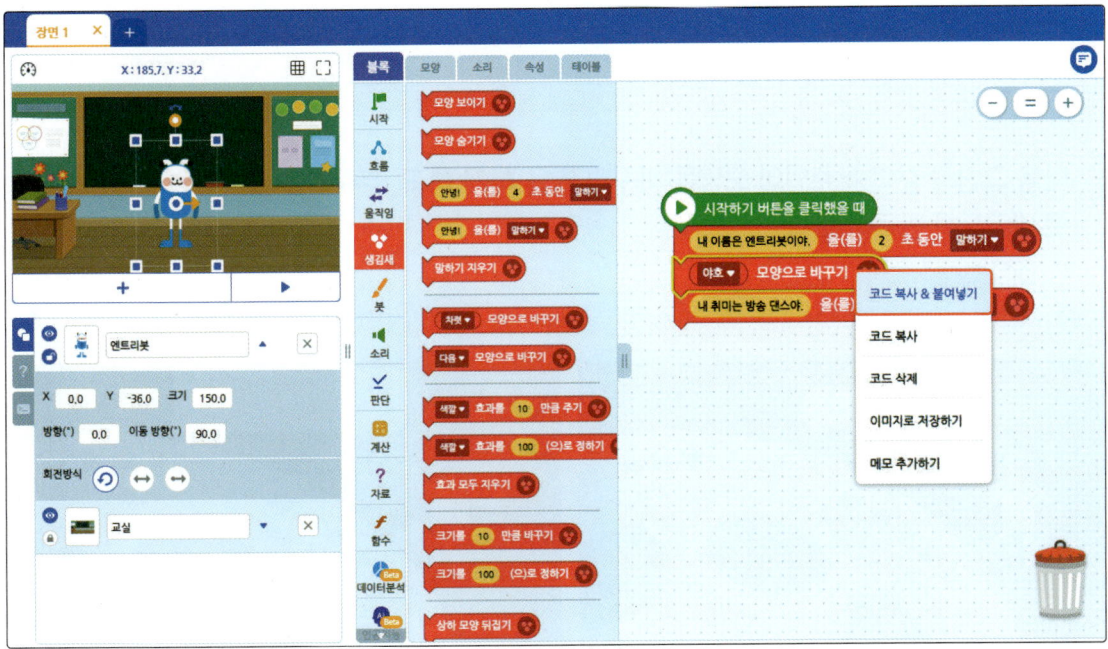

❹ 복제된 코드를 아래에 연결한 후 모양을 '안녕'으로 변경하고, 말하기 내용에 "앞으로 친하게 지내~!"를 입력해요.

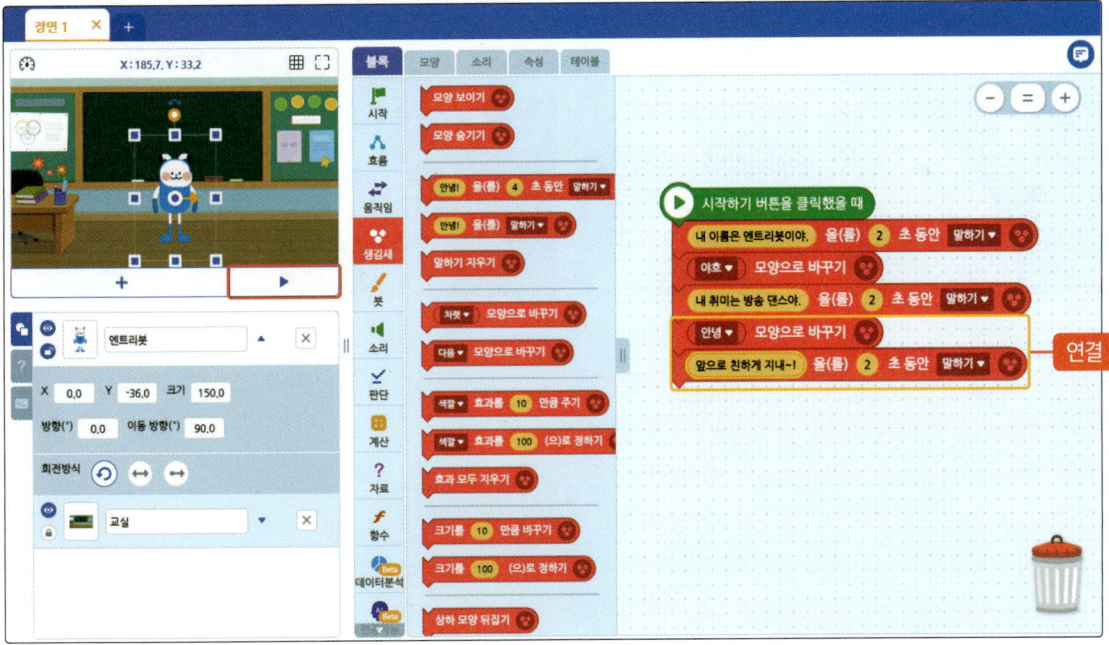

❺ [시작하기(▶)] 버튼을 눌러 '엔트리봇'이 모양을 바꾸면서 인사를 하는지 확인해 보세요.

실습파일 : 우주 비행사.ent 　　완성파일 : 우주 비행사(완성).ent

1 다음 그림과 같이 우주인이 모양을 바꾸며 말을 하게 하고, 우주인을 클릭하면 '다음' 모양으로 바꾸도록 만들어 보세요.

❶ '우주인-기본' 모양에서 '2'초 동안 말하기

❷ '우주인-만세' 모양에서 '2'초 동안 말하기

❸ '우주인-기우뚱' 모양에서 '2'초 동안 말하기

❹ 오브젝트를 클릭할 때마다 '다음' 모양으로 바꾸기

힌트

- 다음의 블록들을 사용해 보세요.

　▶ 시작하기 버튼을 클릭했을 때　　　　　🟢 오브젝트를 클릭했을 때

　안녕! 을(를) 4 초 동안 말하기▼　　　　우주인-기본 ▼ 모양으로 바꾸기

　다음▼ 모양으로 바꾸기

- 우주인을 클릭할 때 다음 모양으로 바꾸려면 🟢 오브젝트를 클릭했을 때 블록에 다음▼ 모양으로 바꾸기 를 연결하면 돼요.
- 만들어진 블록을 [코드 복사&붙여넣기] 기능으로 복제하면 편리해요.

11 다른 그림을 찾아요

서준이의 '자는 모습, 씻는 모습, 아침 먹는 모습'의 그림이 각각 2장씩 있어요. 그림을 자세히 살펴보고 서로 다른 부분을 찾아 ○표 해 보아요. 그리고 보호색으로 숨어 있는 동물을 찾는 게임도 재미있게 해 볼까요?

학 습 목 표

★ 그림을 보고 상황을 이해할 수 있습니다.
★ 두 장의 그림에서 서로 다른 부분을 찾을 수 있습니다.
★ 보호색으로 숨어 있는 여러 동물을 빠르게 찾을 수 있습니다.

정답 : 11정답-1.jpg

 서준아~ 빨리 일어나!

1. 학교 갈 시간이 다 되었는데, 서준이가 아직도 꿀잠을 자고 있어요. 여러분이 2개 그림을 비교하여 다른 그림을 모두 찾으면 서준이가 일어난데요.

2. 서로 다른 그림을 찾아서 위쪽 그림에 ○표 해 보세요.

3. 틀린 그림은 모두 몇 개인가요? 　　　　 개

 **2 깨끗하게 하루를 시작해요**

❶ 얼른 씻고 자야 하는데, 서준이가 아직도 목욕 놀이 중이네요. 여러분이 2개 그림을 비교하여 다른 그림을 모두 찾으면 서준이가 목욕을 끝낸데요.

❷ 서로 다른 그림을 찾아서 위쪽 그림에 ○표 해 보세요.

❸ 틀린 그림은 모두 몇 개인가요?   개

 **아침 식사로 건강해지기**

❶ 아침식사가 정말 맛있게 보여요. 여러분이 2개 그림을 비교하여 다른 그림을 모두 찾으면 서준이가 아침을 맛있게 먹을 수 있는데요.

❷ 서로 다른 그림을 찾아서 위쪽 그림에 ○표 해 보세요.

❸ 틀린 그림은 모두 몇 개인가요? ☐ 개

실습파일 : 숨은동물찾기.ppsx

1 보호색으로 숨어 있는 동물 10마리를 찾아 다음 빈칸에 이름과 점수를 쓰고, 정답을 확인해 보세요.

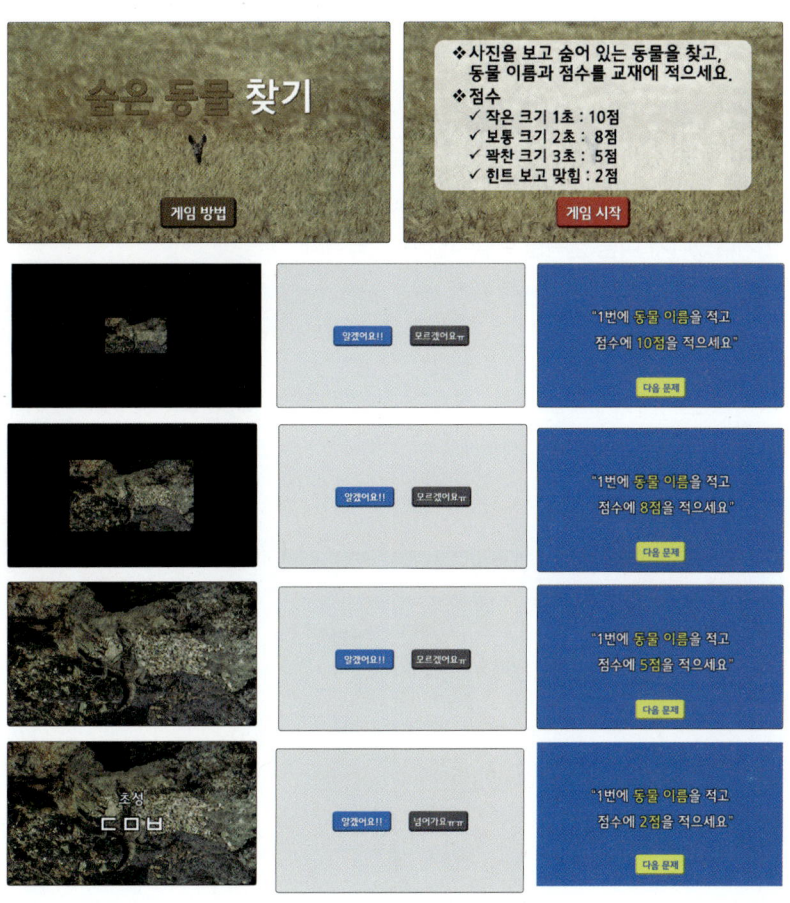

문제	동물 이름	점수	채점 결과
1번		점	점
2번		점	점
3번		점	점
4번		점	점
5번		점	점
6번		점	점
7번		점	점
8번		점	점
9번		점	점
10번		점	점

팁 1. 숨은 동물을 찾으면 [알겠어요!!] 버튼을 클릭하고, 못 찾으면 [모르겠어요ㅠ] 버튼을 클릭해요.

2. 오답일 경우 채점 결과 '0'점으로 처리돼요.

합계

점

11 다른 그림을 찾아요

12 엔트리로 숨은 그림을 찾아요

지난 시간에 다른 그림 찾기 재미있게 하였나요? 이번에는 엔트리로 숨은 그림 찾기를 만들어 볼텐데요. 놀이터 배경에 3개의 그림을 숨겨 놓고요. 숨은 그림을 클릭하면 그림이 커졌다가 잠시 후 사라지게 만들어 볼 거예요.

학습목표

★ 오브젝트의 크기를 바꿀 수 있습니다.
★ 오브젝트가 실행화면에서 사라지게 할 수 있습니다.
★ 설정한 시간 동안 기다렸다가 다음 블록을 실행시킬 수 있습니다.

미리보기

실습파일 : 숨은그림찾기.ent   완성파일 : 숨은그림찾기(완성).ent

숨은 그림을 클릭하면 그림 커지기

커진 그림이 1초 후 사라지기

이 블록들을 사용해요

블록 꾸러미	명령 블록	설명
시작	오브젝트를 클릭했을 때	오브젝트를 클릭했을 때 아래에 연결된 블록들을 실행해요.
생김새	크기를 10 만큼 바꾸기	오브젝트의 크기를 입력한 값만큼 바꿔요.
생김새	모양 숨기기	오브젝트를 실행화면에 보이지 않게 해요.
흐름	2 초 기다리기	입력한 시간만큼 기다린 후 다음 블록을 실행해요.

 **이렇게 만들어요**

 **붙여넣기**

단풍잎, 북극곰

 **숨은 그림을 클릭하면 커졌다가 사라지게 만들어요**

① 엔트리 프로그램을 실행하여 [12차시] 폴더의 '숨은그림찾기.ent' 파일을 불러와요.

② 숨은 그림을 클릭하면 그림이 커졌다가 사라지게 하려고 해요. '연필' 오브젝트를 선택하고 시작 의 오브젝트를 클릭했을 때 블록을 드래그하여 추가해요.

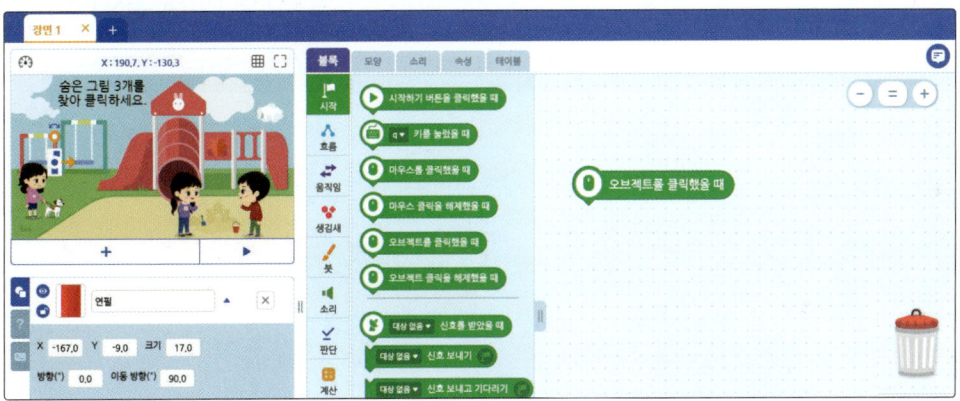

③ 그림이 커지게 하기 위해 생김새 의 크기를 10 만큼 바꾸기 블록을 드래그하여 아래에 연결한 후 크기 값에 '30'을 입력해요.

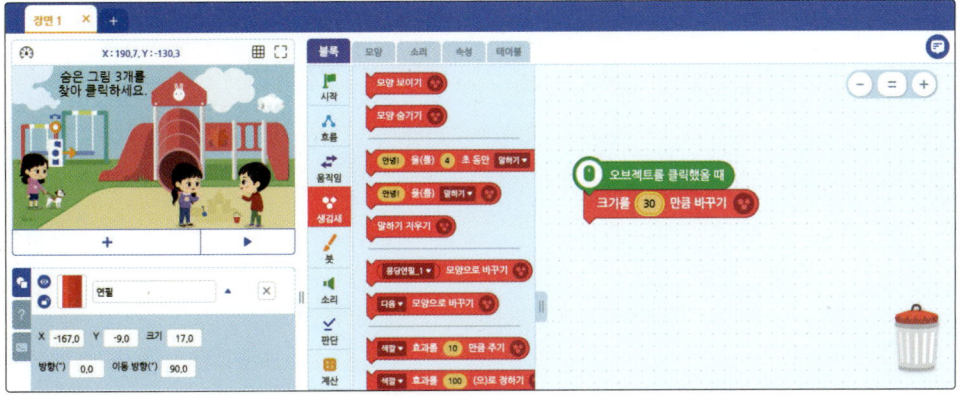

❹ 1초 동안 기다리게 하기 위해 [흐름]의 [2 초 기다리기] 블록을 드래그하여 시간을 '1'초로 변경해요.

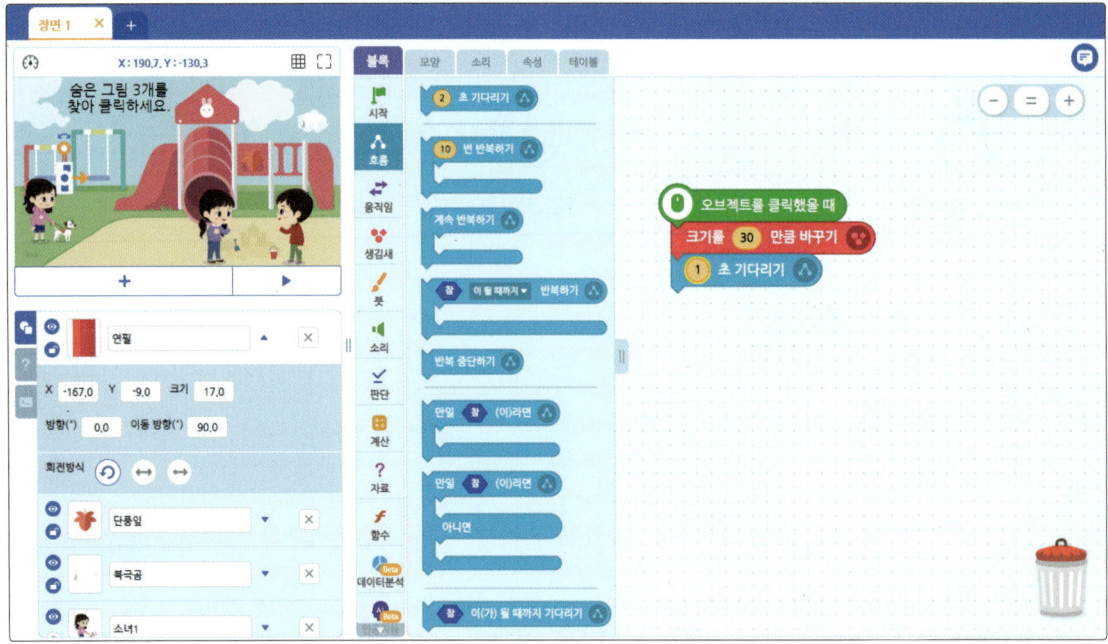

❺ 그림을 숨기기 위해 [생김새]의 [모양 숨기기] 블록을 드래그하여 아래에 연결해요.

❻ 코드를 복사하기 위해 [오브젝트를 클릭했을 때] 블록을 마우스 오른쪽 버튼으로 클릭하여 [코드 복사]를 선택해요.

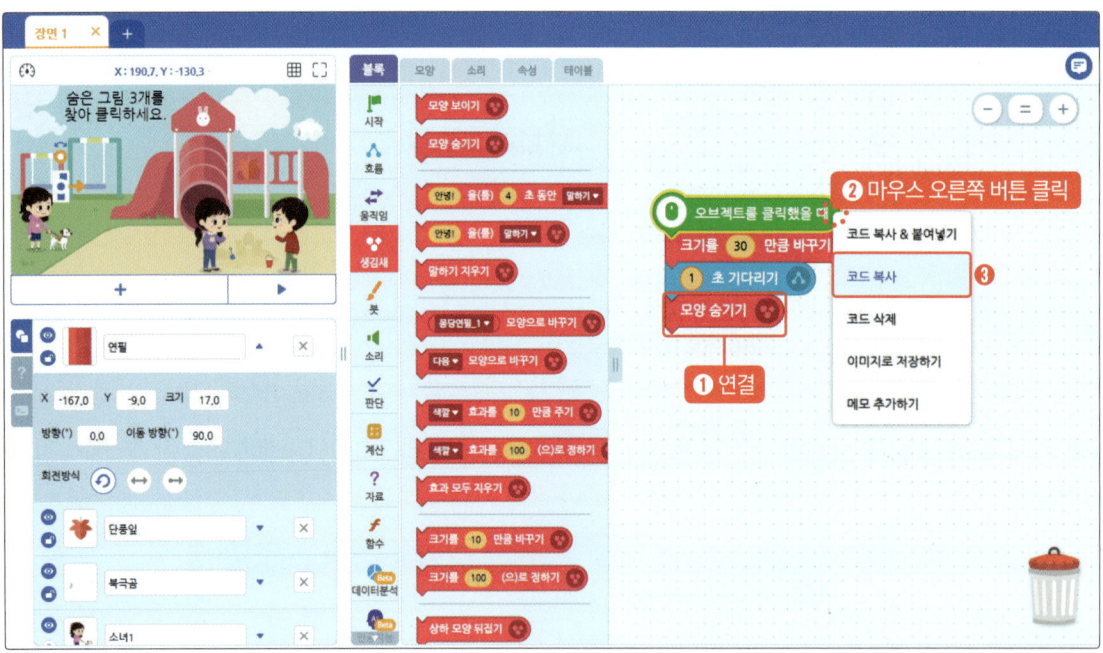

 ## 복사된 코드를 붙여 넣어요

① 복사된 코드를 붙여넣기 위해 '단풍잎' 오브젝트를 선택해요. 이어서 블록 조립소에서 마우스 오른쪽 버튼을 클릭하고 **[붙여넣기]**를 선택하여 복사된 코드를 붙여 넣어요.

② 같은 방법으로 '북극곰' 오브젝트에도 복사된 코드를 붙여 넣어요.

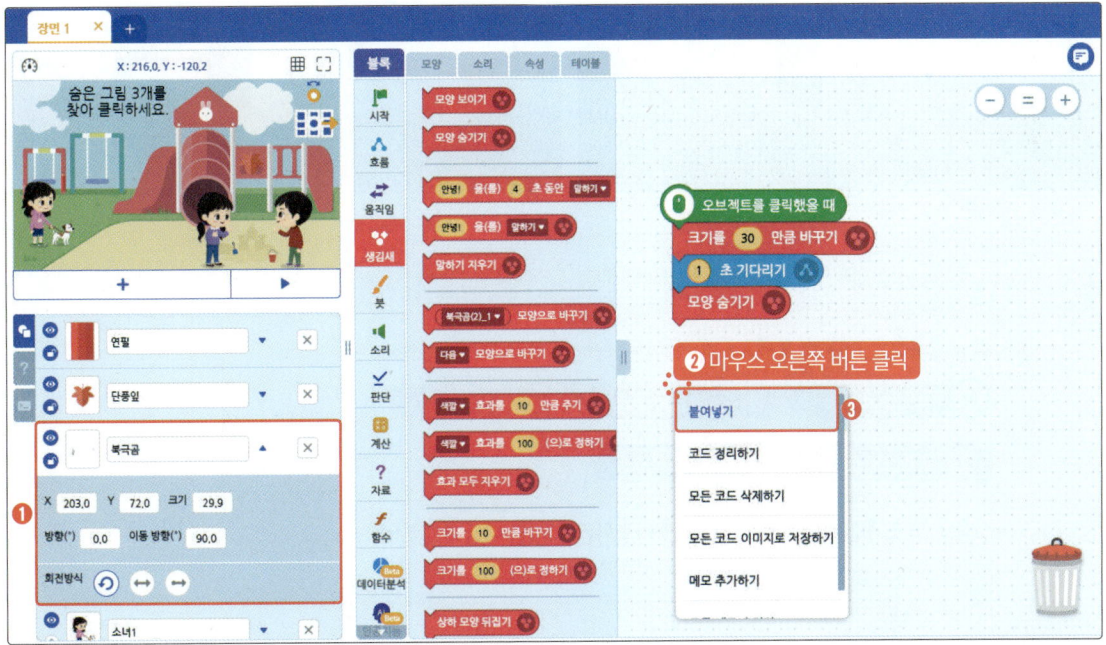

③ [시작하기(▶)] 버튼을 누르고 숨은 그림을 클릭하여 크기가 커졌다가 사라지는 것을 확인해 보세요.

실습파일 : 숨은그림찾기-1.ent   완성파일 : 숨은그림찾기-1(완성).ent

1 다음 그림과 같이 숨은 그림을 클릭하면 그림 이름을 말하고, 아래 힌트에서 지정한 위치로 이동하도록 만들어 보세요.

❶ 숨은그림찾기 게임 시작하기

❷ '백조' 클릭시 '2'초 동안 "백조" 말하기

❸ '2'초 동안 글자 아래 위치로 이동하기

❹ '하트', '브로콜리'도 클릭시 이름 말하고 위치 이동하기

 힌트

- 다음 블록들을 사용해 보세요.

- 이름을 '2'초 동안 말한 후, '2'초 동안 이동하는 위치는 다음과 같아요.

오브젝트	x	y
백조	-211	95
하트	-180	95
브로콜리	-125	95

13 악기 맞히기 게임을 해요

악기의 종류는 매우 다양해요. 피아노와 같이 건반을 가진 '건반 악기', 관에 공기를 불어넣어서 소리를 내는 '관악기', 현을 튕겨서 소리를 내는 '현악기', 두드려서 소리를 내는 '타악기' 등이 있어요. 여러 종류의 악기는 저마다 다른 소리를 내는데요. 우리 함께 악기 종류와 악기 소리, 피아노 음을 맞히는 게임을 해 볼까요?

학습목표

★ 악기 그림을 보고 이름을 맞힐 수 있습니다.
★ 악기 소리를 듣고 어떤 악기인지 맞힐 수 있습니다.
★ 피아노 소리를 듣고 어떤 음인지 맞힐 수 있습니다.

실습파일 : 악기 맞히기.ppsx

① 여러 가지 악기 이름을 맞혀 보세요. [13차시] 폴더의 '악기 맞히기 게임.ppsx' 파일을 더블 클릭하여 실행시킨 후 [시작하기]를 클릭해요.

② 악기 그림을 보고 알맞은 이름을 찾아 번호를 클릭해요. 5번까지 모두 풀어 보세요.

 팁 정답을 맞히면 정답 화면으로 이동하고, 틀리면 오답 화면으로 이동해요.
🔄는 다시 풀기, ⏭는 다음 문제, ❌는 그만하기 버튼이에요.

③ '악기 이름 맞히기' 다섯 문제 중에서 몇 개의 문제를 맞혔나요?  개

 **악기 소리를 맞혀 볼까요?**

❶ 여러 가지 악기 소리를 맞혀 보세요. 자동으로 연주되는 곡을 듣고 악기 이름을 찾아 번호를 클릭해요.

 곡을 다시 들으려면 소리 아이콘을 클릭하면 돼요.

❷ 악기 소리를 듣고 알맞은 악기를 찾아 번호를 클릭해요. 5번 문제까지 모두 풀어 보세요.

❸ '악기 소리 맞히기' 다섯 문제 중에서 몇 개의 문제를 맞혔나요? 개

3 피아노의 음을 맞혀 볼까요?

❶ 피아노 소리를 듣고 음을 맞혀 보세요. 건반에 마우스 포인터를 올려 '도~(높은)도'의 음을 각각 익힌 후에 ▶▶ 버튼을 클릭해요.

❷ 소리 아이콘을 클릭하여 음을 듣고 해당되는 음 이름을 클릭해요. 5번 문제까지 모두 풀어 보세요.

❸ '피아노 음 맞히기' 다섯 문제 중에서 몇 개의 문제를 맞혔나요?    개

실습파일 : 피아노 연주.ppsx

1 '피아노 연주.ppsx' 파일을 실행시킨 후 건반을 클릭하여 다음 곡을 연주해 보세요.

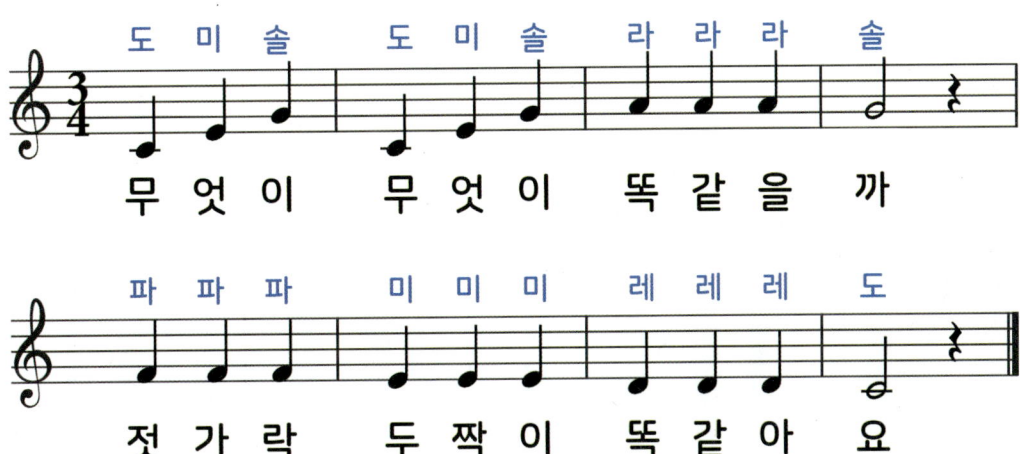

14 엔트리로 피아노를 연주해요

모든 악기의 기본이 되는 악기가 바로 피아노예요. 피아노는 건반을 누르면 해당 음의 소리가 나는 대표적인 건반 악기인데요. 엔트리에서 건반 오브젝트를 누르면 건반의 색이 바뀌면서 소리가 재생되는 작품을 함께 만들어 볼까요?

학습목표

★ 피아노 건반을 클릭하면 색깔을 바꿀 수 있습니다.
★ 피아노 건반을 클릭하면 그 건반의 소리가 재생되게 할 수 있습니다.
★ 소리가 재생되고 나면 색깔을 다시 원래대로 바꿀 수 있습니다.

실습파일 : 피아노.ent   **완성파일** : 피아노(완성).ent

피아노 건반을 클릭하면 색깔이 바뀌면서 해당 음의 소리 재생하기

소리 재생이 끝나면 색깔 효과 지우기

이 블록들을 사용해요

블록 꾸러미	명령 블록	설명
시작	오브젝트를 클릭했을 때	오브젝트를 클릭했을 때 아래에 연결된 블록들을 실행해요.
생김새	색깔▼ 효과를 10 만큼 주기	오브젝트에 선택한 효과를 입력한 값만큼 줘요.
	효과 모두 지우기	오브젝트에 적용된 효과를 모두 지워요.
소리	소리 강아지 짖는 소리▼ 재생하고 기다리기	해당 오브젝트가 선택한 소리를 재생한 후 다음 블록을 실행해요.

 **이렇게 만들어요**

도 → 마우스 클릭함 → 색깔 효과 주기 → '도' 소리 재생 → 색깔 효과 지움 → 코드 복사

 **피아노 건반을 누르면 색깔이 바뀌면서 소리를 재생해요**

① 엔트리 프로그램을 실행하여 [14차시] 폴더의 '피아노.ent' 파일을 불러와요.

② 피아노 건반을 누르면 색깔이 바뀌면서 소리가 나도록 해 봐요. '도' 오브젝트를 선택하고 시작의 `오브젝트를 클릭했을 때` 블록을 드래그하여 추가해요.

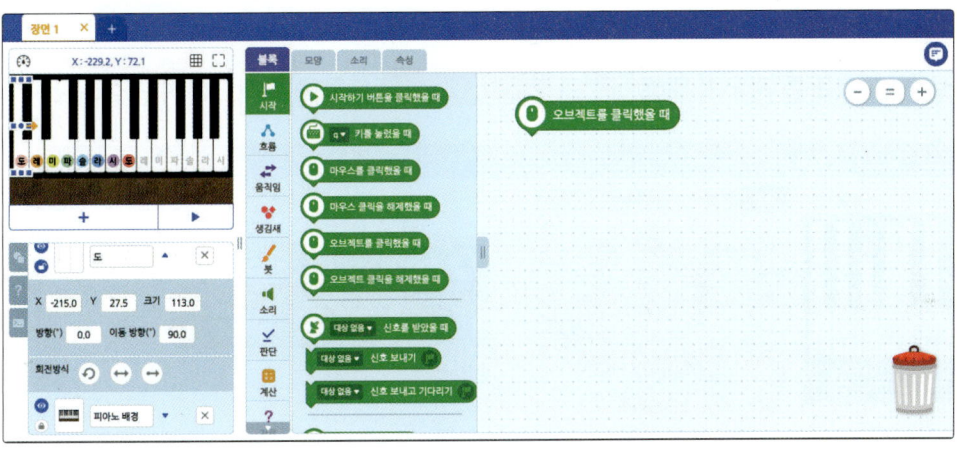

③ 건반을 클릭했을 때 색깔이 바뀌게 하기 위해 생김새의 `색깔 효과를 10 만큼 주기` 블록을 드래그하여 아래에 연결해요.

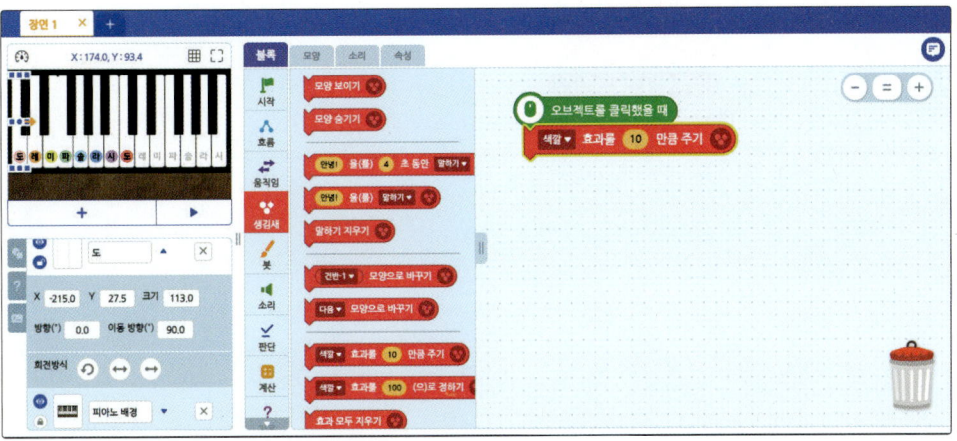

14 엔트리로 피아노를 연주해요

❹ 건반을 클릭했을 때 피아노의 '도' 소리가 나게 하기 위해 소리 의 `소리 피아노_04도▼ 재생하고 기다리기` 블록을 드래그하여 연결해요.

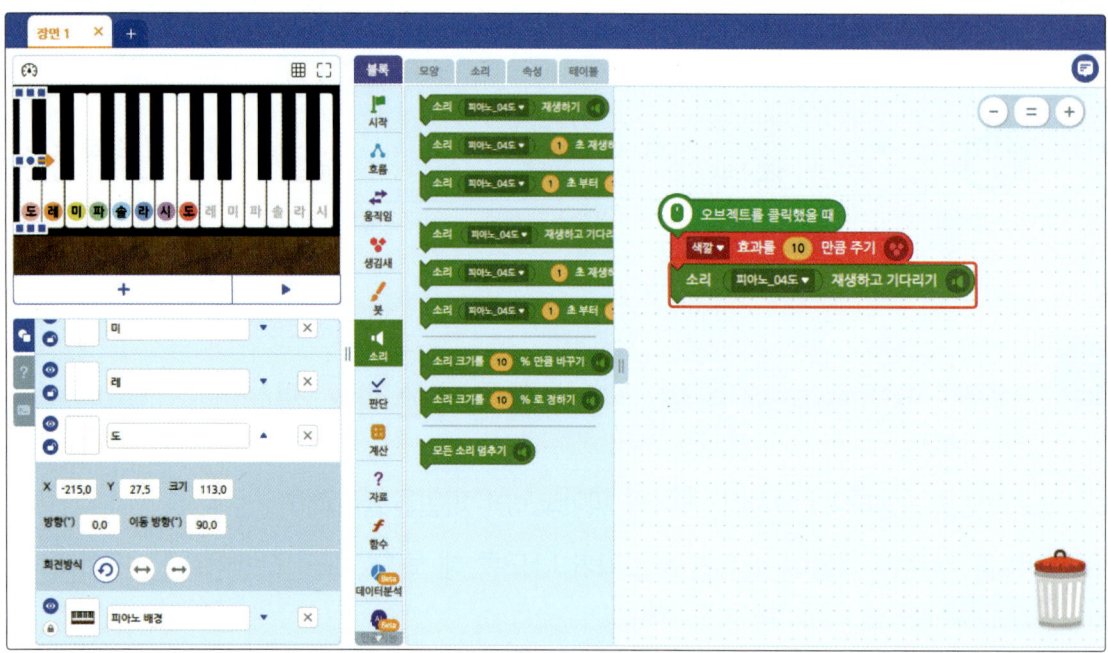

❺ 소리 재생이 끝나면 색깔 효과를 지우기 위해 생김새 의 `효과 모두 지우기` 블록을 드래그하여 연결해요.

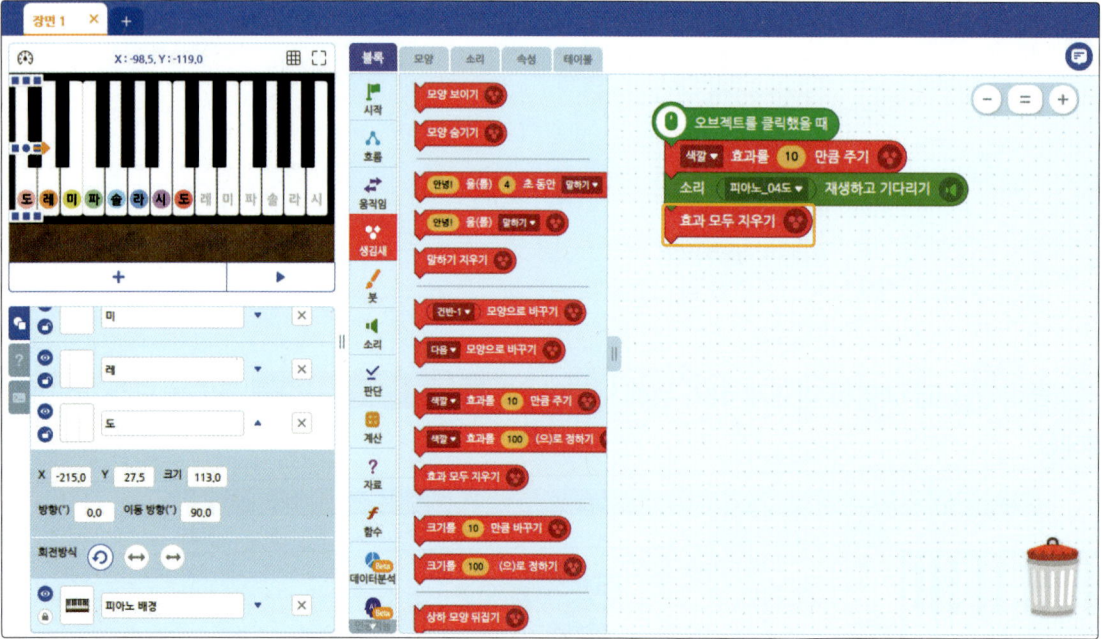

1. 피아노 건반 '레'부터 '높은도'까지는 코드가 만들어져 있어요. [시작하기()] 버튼을 눌러 '도~높은도' 음의 소리를 확인하고 연주해 보세요.
2. '작은 별'을 연주해 보세요.

3. '사과 같은 내 얼굴'을 연주해 보세요.

실습파일 : 실로폰.ent   완성파일 : 실로폰(완성).ent

1 '도'~'높은도' 오브젝트를 클릭했을 때 실로폰 소리와 비슷한 '마림바-가온도'~'마림바-높은도' 소리가 나도록 소리 재생 코드 를 지정해 보세요.

오브젝트 이름	소리
도	마림바-가온도
레	마림바-레
미	마림바-미
파	마림바-파
솔	마림바-솔
라	마림바-라
시	마림바-시
높은도	마림바-높은도

 마림바는 어떤 악기일까요?

- 마림바(Marimba)는 실로폰과 비슷하게 만들어진 악기예요.
- 건반 밑에 울림통이 달려 있어 실로폰보다 깊은 소리가 나요.
- 원래 아프리카의 민속 악기였는데, 멕시코로 건너가 지금의 악기처럼 만들어졌어요.
- 양손에 4개의 채를 잡고 연주하며, 오케스트라 악기로 이용돼요.

15 점 잇기로 그림을 그려요

숫자가 적힌 점을 이어서 그림을 그리려고 하는데 중간중간 숫자가 비어 있어요. 빈 곳에 직접 점을 찍고 숫자를 써 넣어 보세요. 그리고 점을 순서대로 이어서 그림을 완성한 후에 예쁘게 색칠해 보세요. 그리고 파워포인트 프로그램에서도 숫자를 순서대로 연결하여 그림을 그려 보세요.

학습목표

★ 빈 숫자의 위치를 찾아 숫자를 써 넣을 수 있습니다.
★ 숫자가 적힌 점을 순서대로 연결할 수 있습니다.
★ 그림을 원하는 색으로 예쁘게 색칠하여 꾸밀 수 있습니다.

정답 : 15정답-1.jpg

 # 1부터 10까지 점 잇기로 그림을 그려요

① 점을 순서대로 연결하려고 하는데 숫자가 2개 비어 있어요. 비어 있는 곳에 직접 점을 찍고 숫자를 써 넣으세요.

② 1부터 10까지의 숫자를 순서대로 연결한 후에 예쁘게 색칠해 보세요.

③ 위의 그림은 어떤 동물인가요? 다음 빈칸에 알맞게 써 보세요.

 **1부터 25까지 점 잇기로 그림을 그려요**

❶ 점을 순서대로 연결하려고 하는데 숫자가 4개 비어 있어요. 비어 있는 곳에 직접 점을 찍고 숫자를 써 넣으세요.

❷ 1부터 26까지의 숫자를 순서대로 연결한 후에 예쁘게 색칠해 보세요.

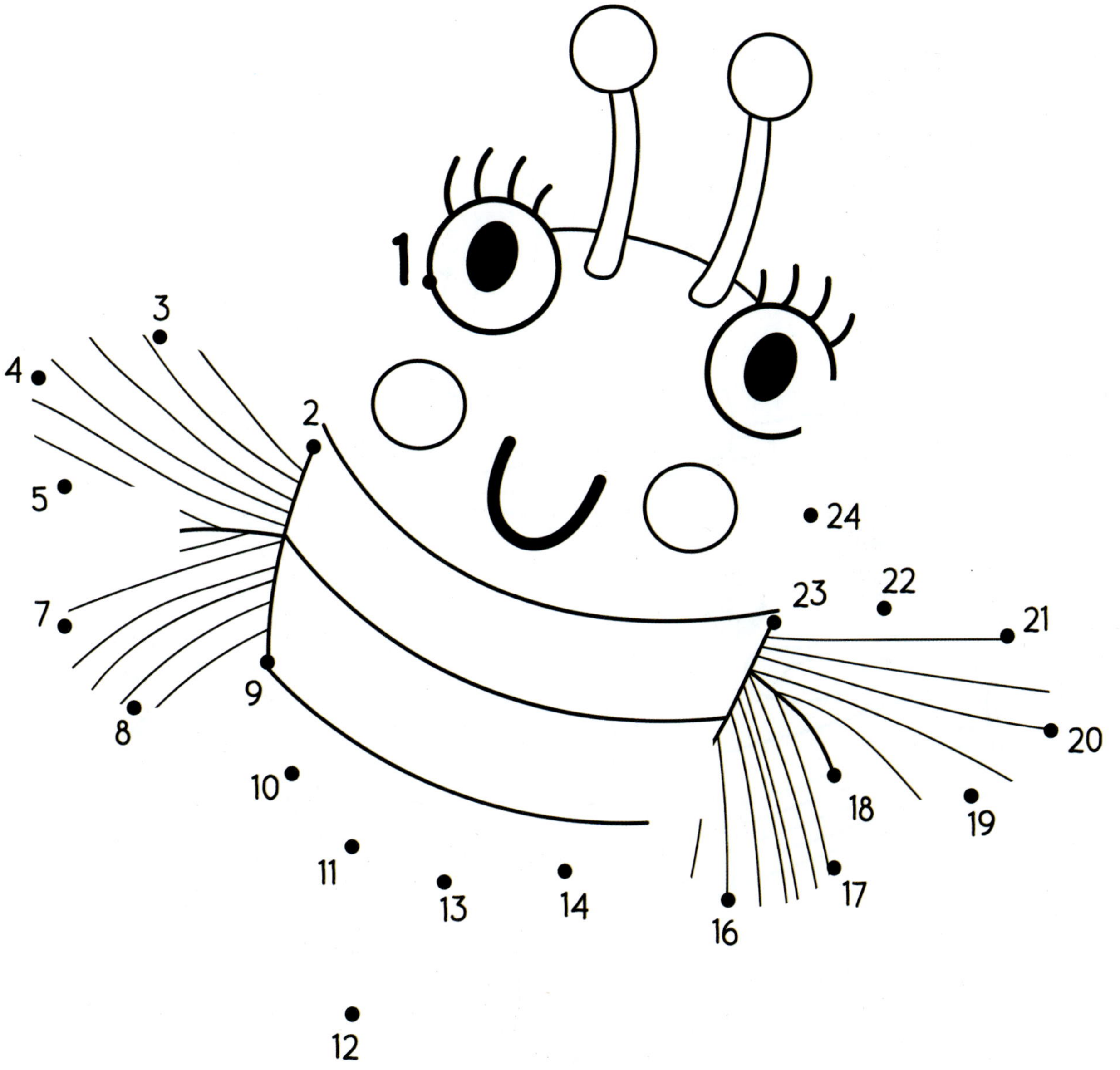

❸ 위의 그림은 어떤 곤충인가요? 다음 빈칸에 알맞게 써 보세요.

 ## 1부터 40까지 점 잇기로 그림을 그려요

① 점을 순서대로 연결하려고 하는데 숫자가 4개 비어 있어요. 비어 있는 곳에 직접 점을 찍고 숫자를 써 넣으세요.

② 1부터 40까지의 숫자를 순서대로 연결한 후에 예쁘게 색칠해 보세요.

③ 위의 그림은 어떤 자동차인가요? 다음 빈칸에 알맞게 써 보세요.

실습파일 : 점잇기.pptx   완성파일 : 점잇기(완성).pptx

1 작성 조건에 따라 숫자를 순서대로 연결한 후 다음과 같이 그림을 완성해 보세요.

*작성 조건

- [삽입] 탭-[일러스트레이션] 그룹-[도형]-[선]-[곡선]을 클릭해요.

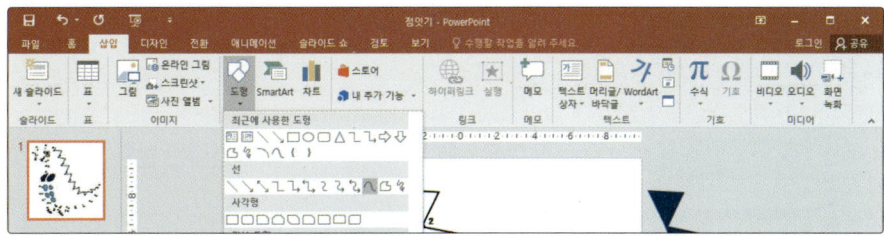

- 1부터 37까지의 점을 순서대로 클릭해요.
- 점을 모두 찍어 도형이 그려지면 마우스 오른쪽 버튼을 클릭하여 [맨 뒤로 보내기]를 클릭해요.
- 오른쪽의 등뿔을 드래그하여 공룡 그림을 완성해요.

16 엔트리로 알록달록하게 색칠해요

물감으로 색칠할 때에 어떻게 하나요? 팔레트에 물감을 짜 놓고 붓에 물감을 묻혀서 색칠하지요? 그리고 다른 색을 칠하고 싶으면 붓을 헹구어 또 다른 색을 칠하지요. 이와 같이 엔트리에서 마우스 포인터를 따라다니는 붓으로 물감 색을 선택하고 마우스로 드래그하여 색칠해 보아요.

학습목표

★ 마우스를 클릭한 상태에서 색칠할 수 있습니다.
★ 마우스를 클릭하지 않은 상태에서 색칠하지 않게 할 수 있습니다.
★ 팔레트에서 원하는 색을 선택하여 꿀벌을 예쁘게 색칠할 수 있습니다.

미리보기

실습파일 : 색칠하기.ent   완성파일 : 색칠하기(완성).ent

마우스 포인터를 따라다니는 붓으로 팔레트에서 물감을 클릭하여 색을 선택하기

마우스를 클릭한 채 붓을 움직이면 선택된 색으로 색칠하기

이 블록들을 사용해요

블록 꾸러미	명령 블록	설명
시작	마우스를 클릭했을 때	마우스를 클릭했을 때 아래에 연결된 블록들을 실행해요.
	마우스 클릭을 해제했을 때	마우스 클릭을 해제했을 때 아래에 연결된 블록들을 실행해요.
붓	그리기 시작하기	오브젝트가 이동하는 경로를 따라 선을 그려요.
	그리기 멈추기	오브젝트가 선 그리는 것을 멈춰요.

 이렇게 만들어 봐요

붓 → 마우스 클릭함 → 마우스를 움직여 그림 그리기

붓 → 마우스 클릭 안 함 → 그림 그리기 멈춤

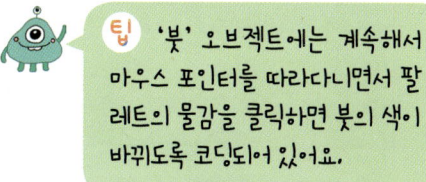
팁 '붓' 오브젝트에는 계속해서 마우스 포인터를 따라다니면서 팔레트의 물감을 클릭하면 붓의 색이 바뀌도록 코딩되어 있어요.

 마우스를 클릭했을 때 선을 그려요

① 엔트리 프로그램을 실행하여 [16차시] 폴더의 '색칠하기.ent' 파일을 불러와요.

② 마우스를 클릭하면 그림이 그려지도록 만들어 볼 거예요. '붓' 오브젝트를 선택하고 시작의 `마우스를 클릭했을 때` 블록을 드래그하여 추가해요.

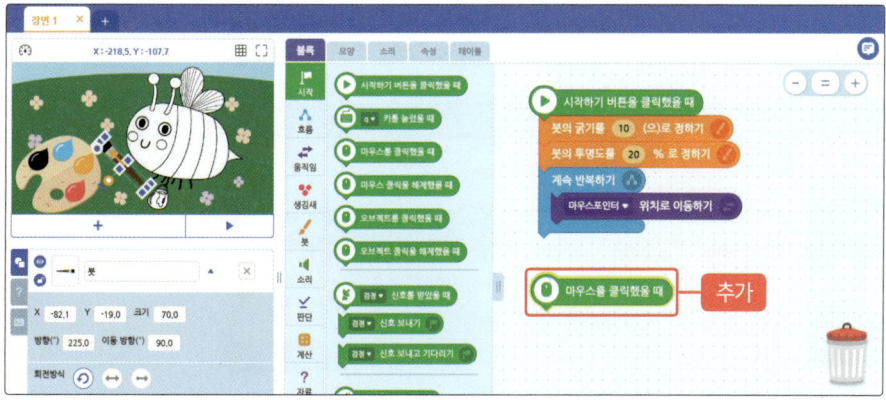

③ 붓의 `그리기 시작하기` 블록을 드래그하여 아래에 연결해요.

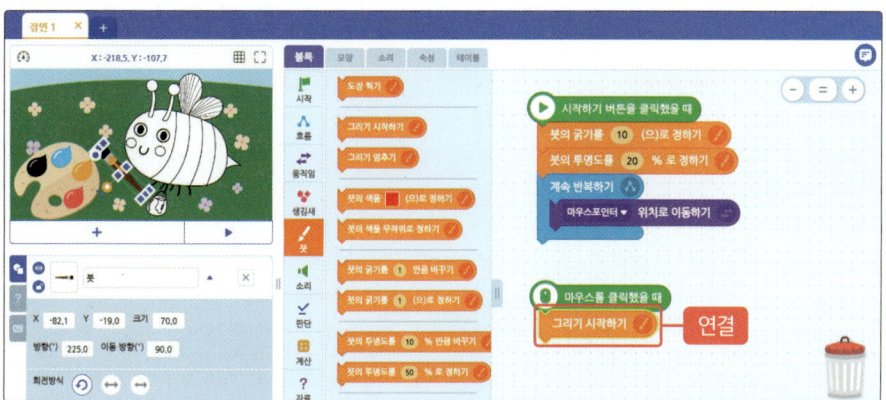

3 마우스를 클릭하지 않으면 그려지지 않게 해요

❶ 마우스를 클릭하지 않으면 그려지지 않도록 해요. '붓' 오브젝트를 선택하고 시작의 `마우스 클릭을 해제했을 때` 블록을 드래그하여 추가해요.

❷ 붓의 `그리기 멈추기` 블록을 드래그하여 아래에 연결하면 완성돼요.

4 꿀벌을 알록달록 예쁘게 색칠해요

❶ [시작하기(▶)] 버튼을 눌러 실행해요.

❷ 꿀벌을 예쁘게 색칠해 볼까요? 팔레트에서 검은색 물감을 클릭한 후 꿀벌의 줄무늬 부분을 색칠해 보세요. 마우스 왼쪽 버튼을 클릭하고 드래그하면 선택한 색을 칠할 수 있어요.

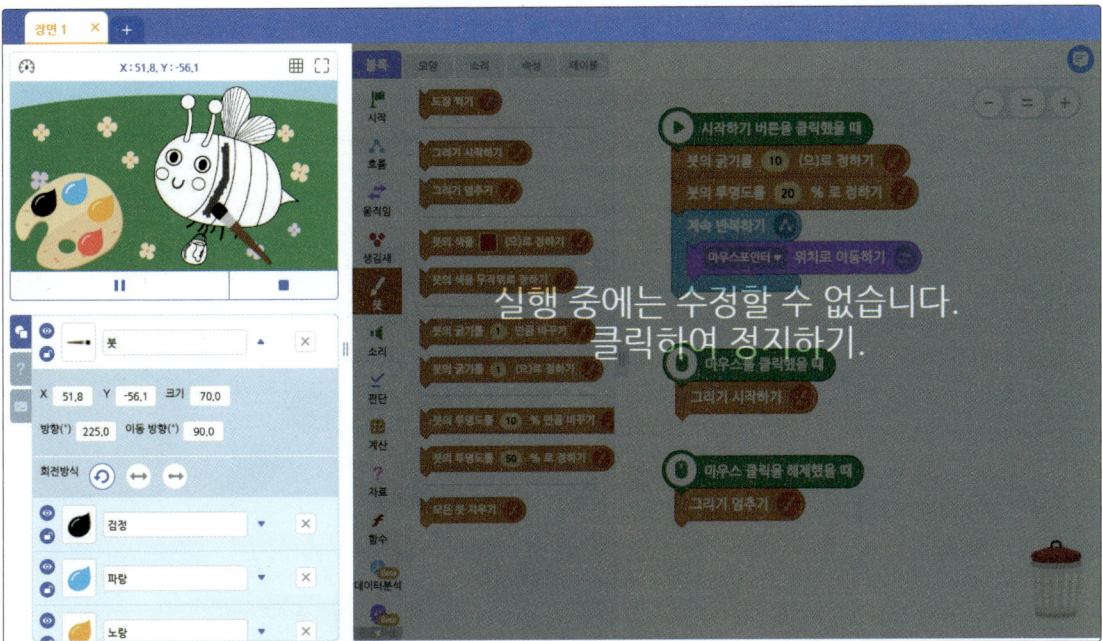

❸ 다음과 같이 네 가지 색으로 색칠하여 그림을 완성해 보세요.

실습파일 : 색칠하기(완성).ent   완성파일 : 색칠하기(업그레이드).ent

1 위쪽 화살표를 누를 때마다 붓의 굵기가 1씩 커지고, 아래쪽 화살표 키를 누를 때마다 붓의 굵기가 1씩 작아지게 만들어 보세요. 또, 스페이스 키를 누르면 모든 색칠이 지워지도록 만들어 보세요.

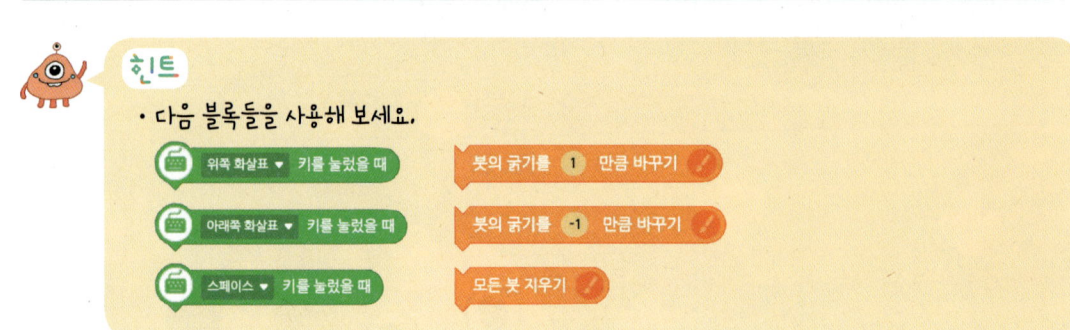

17 스티커와 점으로 픽셀 아트를 만들어요

픽셀(Pixel)이란 모니터 화면에 그림을 보이게 하는 아주 작은 점이에요. 픽셀 아트(Pixel Art)는 작은 점을 찍어가면서 그린 그림을 말해요. 먼저 세 가지 색깔 스티커를 붙여 작품을 만들어요. 그리고 다섯 가지 색과 두 가지 색으로 그림을 나타내면서 픽셀 아트를 만들어요.

학습목표

★ 세 가지 색의 스티커를 지정한 칸에 붙여서 작품을 완성할 수 있습니다.
★ 색연필이나 사인펜으로 지정한 칸에 색을 칠하여 작품을 완성할 수 있습니다.
★ 연필로 지정한 칸에 촘촘하게 칠하여 작품을 완성할 수 있습니다.

미리보기

정답 : 17정답-1.jpg

17 스티커와 점으로 픽셀 아트를 만들어요

 스티커로 그림 그려요

❶ 스티커를 붙여서 예쁜 그림을 만들어 보아요. '0'이 적힌 칸은 그대로 두고, '1' 칸은 빨강, '2' 칸은 초록, '3' 칸은 노랑 스티커를 붙여 주세요.

0	0	0		2	0	0	0
0	0	2				0	0
0	1	1		2	1	1	0
1							
	3		1			3	1
0		1					0
0					3	1	0
0	0					0	0
0	0					0	0
0	0	0		1	0	0	0

❷ 스티커를 다 붙인 후, 어떤 그림이 나타났나요?

2 다섯 가지 색으로 그림을 그려요

1) 이번에는 색이 다섯 가지로 늘었어요. '0'이 적힌 칸은 그대로 두고, '1' 칸은 노랑, '2' 칸은 회색, '3' 칸은 검정, '4' 칸은 파랑 색연필로 칠해 주세요.

0	0	0	0	0	0	0	0	0	0	0	0	0	0	0
0	0	0	0	0	1	1	1	1	1	0	0	0	0	0
0	0	0	0	1	1	1	1	1	1	1	0	0	0	0
0	0	0	1	2	2	1	2	2	1	1	1	0	0	0
0	0	0	2	3	0	2	3	0	2	3	3	0	0	0
0	0	0	2	0	0	2	0	0	2	3	3	0	0	0
0	0	0	1	2	2	1	2	2	1	1	1	0	0	0
0	0	0	1	1	1	1	1	1	1	1	0	0	0	0
0	0	0	1	1	1	1	3	1	1	1	0	0	0	0
0	0	0	1	1	3	3	3	1	1	1	0	0	0	0
0	0	0	4	1	1	1	1	1	1	4	0	0	0	0
0	0	0	1	4	4	4	4	4	4	1	0	0	0	0
0	0	0	1	1	4	4	4	4	1	1	0	0	0	0
0	0	0	1	1	4	4	4	4	1	1	0	0	0	0
0	0	0	1	4	4	4	4	4	4	1	0	0	0	0
0	0	3	3	4	4	4	4	4	4	3	3	0	0	0
0	0	0	3	4	4	4	4	4	4	3	0	0	0	0
0	0	0	0	0	3	3	0	3	3	0	0	0	0	0
0	0	0	0	3	3	3	0	3	3	3	0	0	0	0
0	0	0	0	0	0	0	0	0	0	0	0	0	0	0

2) 칸을 모두 색칠한 후, 어떤 그림이 나타났나요?

3 두 가지 색으로 그림 그려요

❶ 이번에는 작은 칸이 정말 많죠? '0'이 적힌 칸은 그대로 두고, '1' 칸 만 연필로 칠해 주세요.

❷ 칸을 모두 색칠한 후, 어떤 그림이 나타났나요?

1. 작성 조건대로 색을 채우면 어떤 도형이 나오는지 빈칸에 써 보세요.

정답 : 17정답-2.jpg

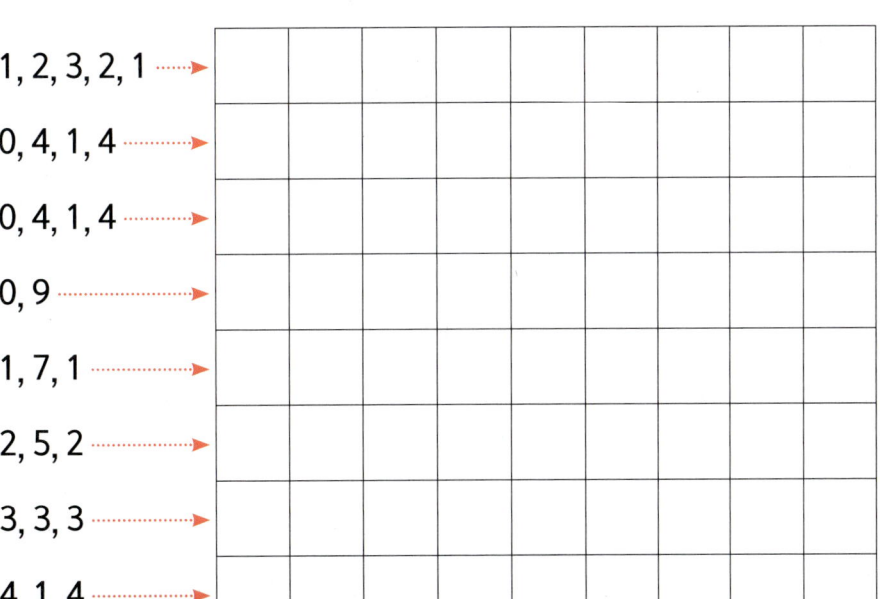

1, 2, 3, 2, 1
0, 4, 1, 4
0, 4, 1, 4
0, 9
1, 7, 1
2, 5, 2
3, 3, 3
4, 1, 4

❶ 한 줄의 숫자로 한 줄의 그림을 표현해요.
❷ 각 줄의 첫 번째 숫자는 연속된 흰색 칸의 개수를 나타내요.
❸ 각 줄의 두 번째 숫자는 연속된 검은색 칸의 개수를 나타내요.
❹ 각 줄의 세 번째 숫자부터는 흰색, 검은색 칸의 개수를 반복해서 나타내요.

실습파일 : 펄러비즈.pptx   완성파일 : 펄러비즈(완성).pptx

2. 펄러비즈(컬러비즈)는 구멍이 뚫린 원통형의 비즈를 집게를 이용하여 모양판에 꽂은 후 열을 가해 형태를 굳히는 장난감이에요. '펄러비즈.pptx' 파일을 열어 Ctrl 을 누르고, 동시에 비즈를 드래그하여 다음 그림과 같이 만들어 보세요.

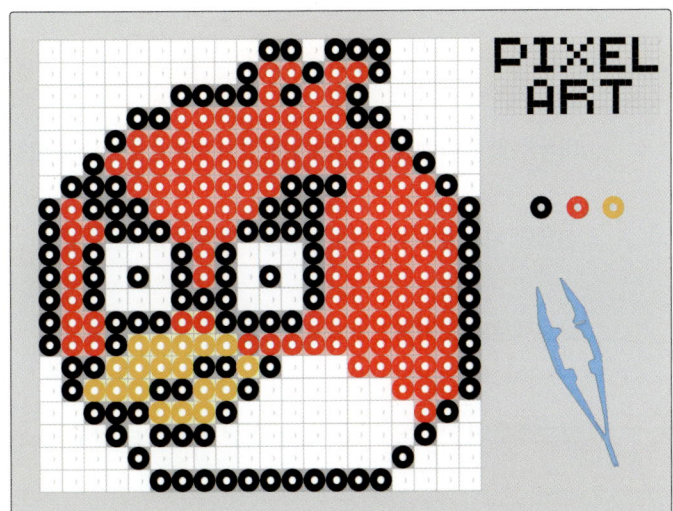

팁 픽셀 아트를 완성한 후에 슬라이드 화면을 축소하면 앵그리 버드의 모양이 선명해져요.

18 엔트리로 픽셀 아트를 만들어요

지난 시간에 픽셀 아트 재미있게 하였나요? 이번에는 엔트리로 픽셀 아트를 만들어 볼텐데요. 픽셀의 색을 선택한 후에 마우스로 클릭할 때마다 픽셀이 도장을 찍듯이 생기게 할 거예요. 코드를 완성한 후 검정, 빨강, 하양 세 가지 색으로 하트를 만들어 볼까요?

학습목표

★ 마우스를 클릭할 때마다 도장처럼 픽셀을 찍을 수 있습니다.
★ 스페이스 키를 누를 때마다 색이 다른 '다음' 모양으로 바꿀 수 있습니다.
★ 픽셀의 색을 바꾸면서 하트 그림을 그릴 수 있습니다.

미리보기

실습파일 : 픽셀 아트.ent   완성파일 : 픽셀 아트(완성).ent

마우스를 클릭하여 '픽셀' 오브젝트를 도장처럼 찍기

스페이스 키를 눌러 색을 바꾸면서 마우스를 클릭하여 도장 찍기

이 블록들을 사용해요

블록 꾸러미	명령 블록	설명
시작	마우스를 클릭했을 때	마우스를 클릭했을 때 아래에 연결된 블록들을 실행해요.
시작	q▼ 키를 눌렀을 때	선택한 키를 누르면 아래에 연결된 블록들을 실행해요.
붓	도장 찍기	오브젝트의 모양을 도장처럼 실행화면 위에 찍어요.
생김새	다음▼ 모양으로 바꾸기	오브젝트의 모양을 '다음' 또는 '이전' 모양으로 바꾸어요.

1 이렇게 만들어요

2 클릭할 때마다 도장처럼 찍어요

① 엔트리 프로그램을 실행하여 [18차시] 폴더의 '픽셀 아트.ent' 파일을 불러와요.

② 마우스를 클릭할 때마다 검정 사각형이 찍히도록 만들어요. '픽셀' 오브젝트를 선택하고 마우스를 클릭했을 때 실행시키기 위해 [시작]의 「마우스를 클릭했을 때」 블록을 드래그하여 추가해요.

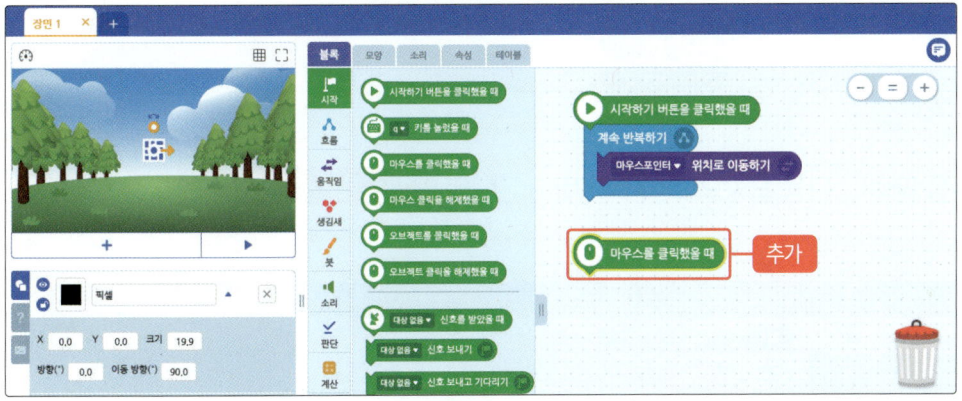

③ 마우스를 클릭했을 때 도장처럼 찍히게 하기 위해 [붓]의 「도장 찍기」 블록을 드래그하여 아래에 연결해요.

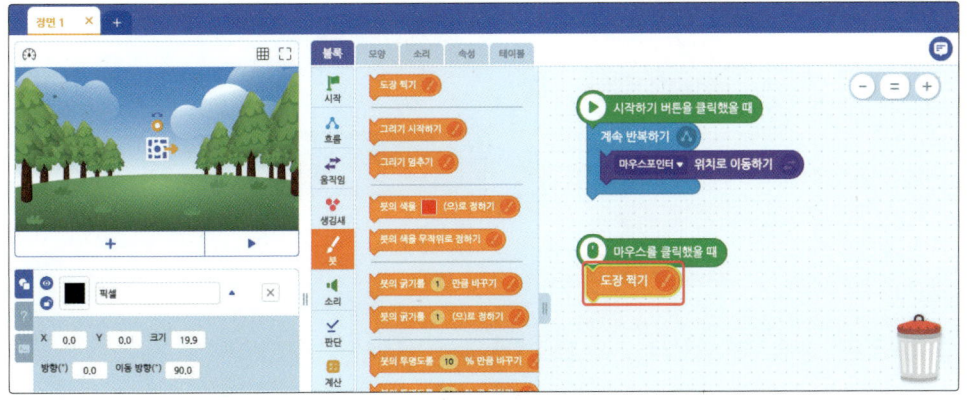

 도장은 찍을 때마다 똑같은 모양이 만들어지죠? 도장 찍는 것처럼 마우스를 클릭할 때마다 똑같은 그림이 생겨요.

 ## 3 스페이스 키를 누를 때마다 색이 바뀌어요

① 스페이스 키를 눌렀을 때 색이 바뀌도록 해요. 시작의 ⬛ q▼ 키를 눌렀을 때 블록을 드래그하여 추가한 후 키를 '스페이스'로 선택해요.

 팁 스페이스 키는 키보드 아래쪽에 가로로 길게 생긴 자판이에요.

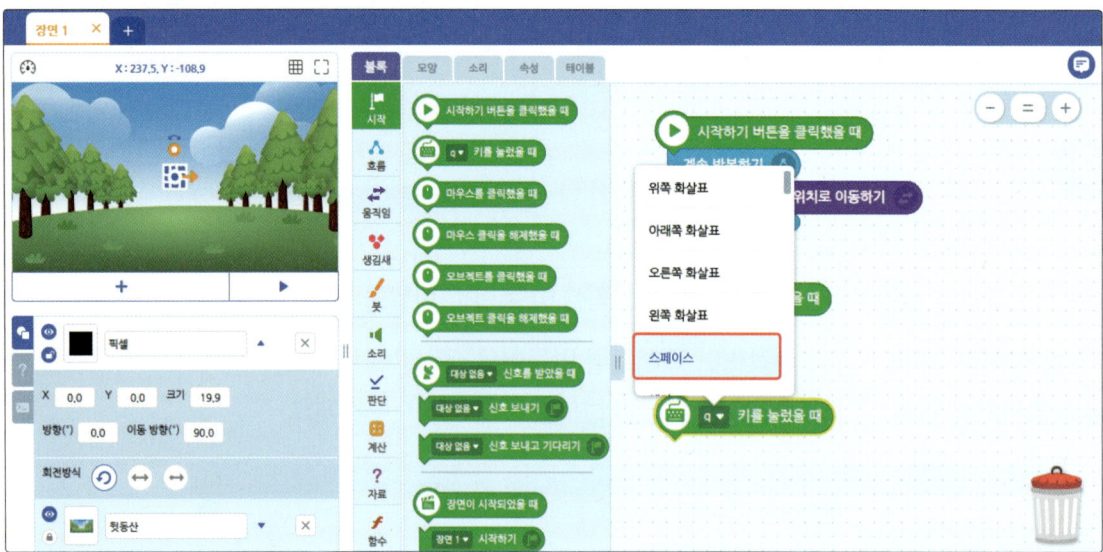

② 스페이스 키를 누를 때마다 다음 모양으로 바꾸기 위해 생김새의 ⬛ 다음▼ 모양으로 바꾸기 블록을 드래그하여 아래에 연결해요.

 팁 '픽셀' 오브젝트는 검정, 빨강, 노랑, 하양 모양으로 만들어져 있어요.

 ## 4 픽셀 아트로 하트를 만들어요

① [시작하기(▶)] 버튼을 눌러 실행해요.

② 실행화면 위쪽에 있는 전체 화면( )을 눌러 화면을 크게 한 후, 오른쪽 아래의 모눈종이( )를 클릭하여 좌표가 표시되게 해요.

③ 마우스로 클릭하여 도장을 찍으면서, 다음 그림과 같이 검정 픽셀로 하트 모양 테두리를 만들어요.

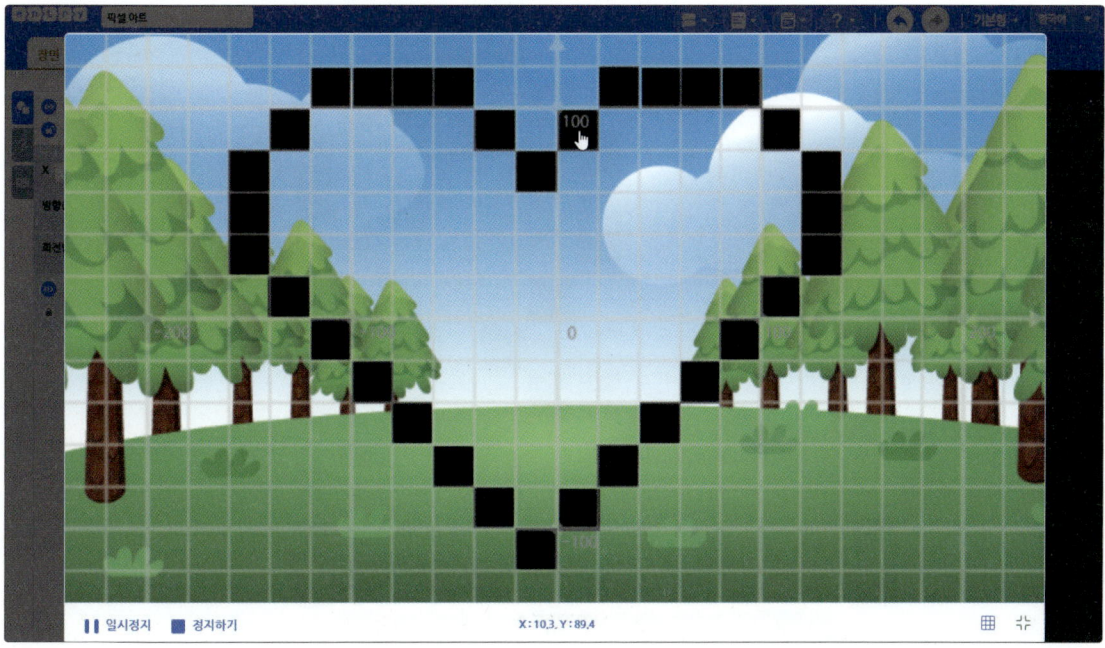

④ 스페이스 키를 눌러 색상을 바꾸면서 하트 모양을 완성한 후, 다음 그림과 같이 오른쪽 아래의 모눈종이 ( )를 눌러 좌표를 사라지게 해요.

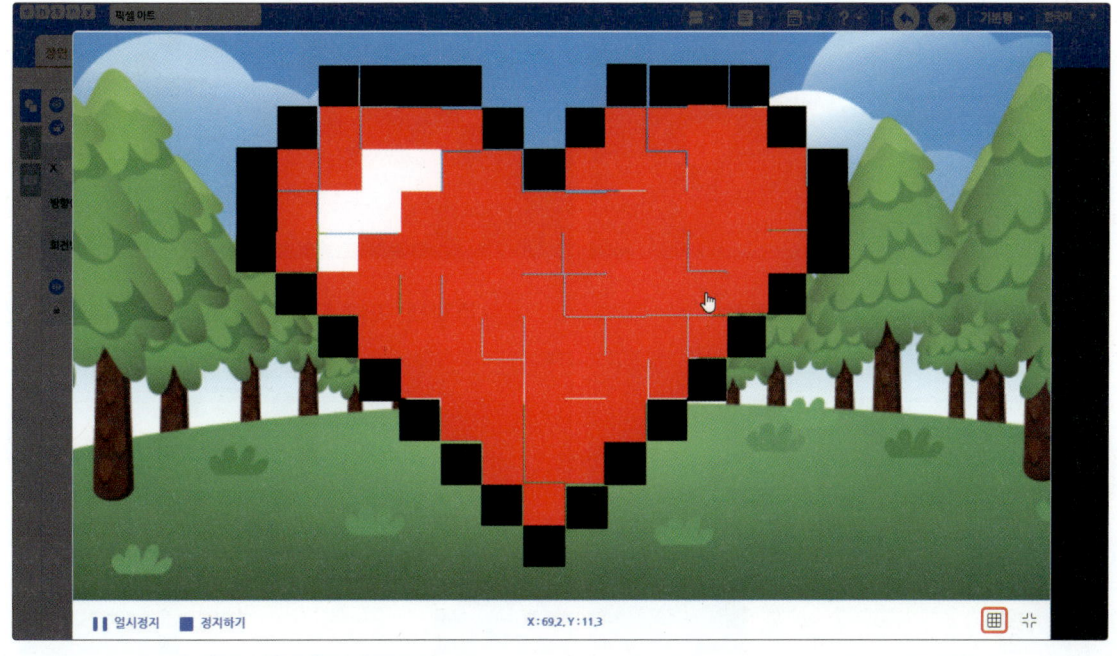

실습파일 : 픽셀 아트-1.ent

1 스페이스 키를 눌러 픽셀의 색을 바꾸고, 마우스 클릭으로 도장 찍기를 하여 다음 그림과 같이 오리를 그려 보세요.

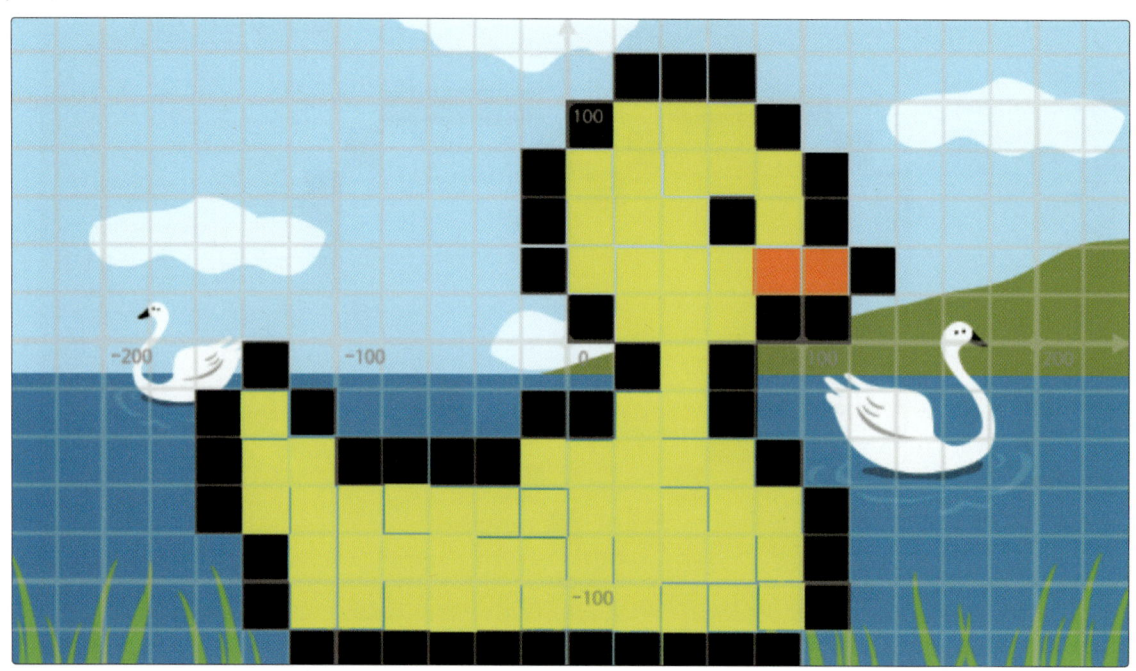

❶ 화면을 크게하여 실행 후 좌표 표시하기

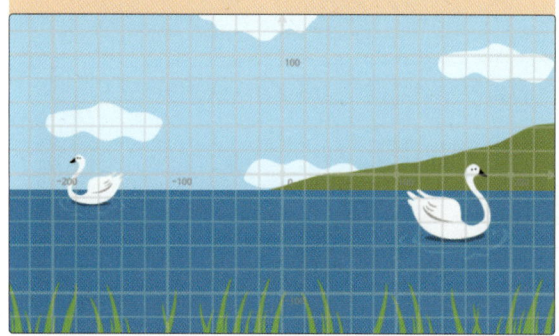

❷ 검은색 '픽셀' 도장 찍기

❸ 노란색 '픽셀' 도장 찍기

❹ 주황색 '픽셀' 도장 찍어 오리 완성하기

19 스티커로 퍼즐 맞추기 놀이를 해요

퍼즐 맞추기를 하다 보면 시간 가는 줄 모를 정도로 재미있어요. 그래서 어떤 사람들은 1000피스(조각) 퍼즐을 맞추기도 해요. 우리는 유명한 화가들이 그린 명화에 구멍 난 빈칸을 스티커로 채우고, 작품에 대해서 알아볼 거예요. 그리고 파워포인트에서 16피스 퍼즐 맞추기 게임도 재미있게 해 보아요.

학습목표

★ 명화의 빈칸에 스티커를 붙여서 명화를 완성할 수 있습니다.
★ 작품 설명을 보고 작품에 대해 더 깊이 이해할 수 있습니다.
★ 파워포인트에서 퍼즐 조각을 회전시키고 위치를 이동하여 그림을 완성할 수 있습니다.

정답 : 19정답-1.jpg

19 스티커로 퍼즐 맞추기 놀이를 해요 97

 「모나리자」퍼즐 맞추기

1 이탈리아 화가 레오나르도 다 빈치가 그린 「모나리자」의 빈칸에 스티커를 붙여 작품을 완성해 주세요.

[스티커 2. 8줄 1칸~3칸]

 팁 「모나리자(Mona Lisa)」(크기 : 가로 53cm, 세로 77cm. 프랑스 루브르 박물관 소장) 작품 소개

- 1503년에 천재 화가 레오나르도 다 빈치가 그린 세계에서 가장 유명한 초상화예요.
- '모나(Mona)'는 결혼한 여성을 높여 부르는 말이고, '리자(Lisa)'는 초상화의 모델이 된 여성의 이름인데요. 우리말로 하면 '리자 여사'라는 뜻이에요.
- 신비로운 미소와 함께 눈썹이 없는 것으로 유명한데요. 당시에는 눈썹을 뽑는 것이 아름다움의 기준이었다고 해요.

2 「씨름도」 퍼즐 맞추기

❶ 조선시대 화가 김홍도가 그린 「씨름도」의 빈칸에 스티커를 붙여 작품을 완성해 주세요.

[스티커 2. 8줄 4칸~6칸]

 팁 「씨름도」 (크기 : 가로 27cm, 세로 22.7cm, 국립중앙박물관 소장) 작품 소개
- 조선 후기 화가 김홍도가 18세기 후반에 그린 작품이에요.
- 씨름꾼 한 명은 온 힘을 다하는 표정이고, 다른 한 명은 질 것 같은 표정이에요.
- 구경꾼들도 환호하는 사람들과 안타까워하는 사람들이 어우러져 있어요.
- 이러한 분위기와는 달리 엿장수 소년이 웃음을 띠고 먼 곳을 바라보고 있는 재미있는 그림이에요.

19 스티커로 퍼즐 맞추기 놀이를 해요   99

3 「밤의 카페 테라스」 퍼즐 맞추기

① 네덜란드 화가 빈센트 반 고흐가 그린 「밤의 카페 테라스」의 빈칸에 스티커를 붙여 작품을 완성해 주세요.

[스티커 2. 8줄 7칸~9줄 1칸]

 팁 「밤의 카페 테라스」 (크기 : 가로 80.7cm, 세로 65.3cm, 네덜란드 크뢸러 뮐러 미술관 소장) 작품 소개

- 1888년에 빈센트 반 고흐가 네덜란드 아를르의 포룸 광장에 자리한 야외 카페의 밤 풍경을 그렸어요.
- 반 고흐가 동생에게 쓴 편지에서 이 그림을 다음과 같이 이야기했어요.

"푸른 밤, 카페 테라스의 커다란 가스등이 불을 밝히고 있고, 그 위로는 별이 빛나는 파란 하늘이 보여. … 검은색을 전혀 사용하지 않고 아름다운 파란색과 보라색, 초록색만을 사용했어. 그리고 밤을 배경으로 빛나는 광장은 밝은 노란색으로 그렸단다. 특히 이 밤하늘에 별을 찍어 넣는 순간이 정말 즐거웠어."

실습파일 : 직소퍼즐.pptx   완성파일 : 직소퍼즐(완성).pptx

1 16개의 퍼즐 조각을 다음 그림과 같이 맞추어 그림을 완성해 보세요.

 힌트 퍼즐 조각을 선택했을 때 회전 핸들(⟳)이 '아래'로 향해 있으면 '위'로 회전시켜서 조립해야 해요.

19 스티커로 퍼즐 맞추기 놀이를 해요 · 101

20 엔트리로 퍼즐 맞추기 놀이를 해요

지난 시간에 재미있게 하였던 그림 퍼즐 맞추기를 엔트리로 만들어 볼 거예요. 퍼즐 조각이 마우스 포인터를 따라다니면서 클릭하면 도장 찍기가 되고, '왼쪽/오른쪽' 화살표 키를 누르면 '이전/다음' 모양으로 바뀌는 퍼즐 맞추기를 다함께 만들어 볼까요?

학습목표

★ 왼쪽 화살표 키를 누르면 퍼즐 조각을 '이전' 모양으로 바꿀 수 있습니다.
★ 오른쪽 화살표 키를 누르면 퍼즐 조각을 '다음' 모양으로 바꿀 수 있습니다.
★ 퍼즐 조각을 모두 맞추어 그림을 완성할 수 있습니다.

미리보기

실습파일 : 퍼즐 맞추기.ent   완성파일 : 퍼즐 맞추기(완성).ent

마우스 포인터를 따라다니는 퍼즐 조각을 클릭하여 도장처럼 찍기

'오른쪽/왼쪽' 화살표 키를 눌러 '다음/이전' 모양으로 바꾸면서 도장처럼 클릭하여 찍기

이 블록들을 사용해요

블록 꾸러미	명령 블록	설명
시작	q▼ 키를 눌렀을 때	선택한 키를 누르면 아래에 연결된 블록들을 실행해요.
생김새	다음▼ 모양으로 바꾸기	오브젝트의 모양을 '다음' 또는 '이전' 모양으로 바꾸어요.
흐름	2 초 기다리기	입력한 시간만큼 기다린 후 다음 블록을 실행해요.

 이렇게 만들어 봐요

 오른쪽 화살표 키를 누르면 '다음' 모양으로 바꿔요

① 엔트리 프로그램을 실행하여 [20차시] 폴더의 '퍼즐 맞추기.ent' 파일을 불러와요.

> 팁 실습파일에는 퍼즐 조각이 마우스 포인터를 따라다니면서 마우스를 클릭할 때마다 도장 찍기를 하도록 만들어져 있어요.

② 오른쪽 화살표 키를 누를 때마다 다음 모양으로 바뀌도록 만들어요. '조각' 오브젝트를 선택하고 의  블록을 드래그하여 추가한 후 키를 '오른쪽 화살표'로 선택해요.

③ 오른쪽 화살표 키를 누를 때마다 다음 모양으로 바꾸기 위해 생김새의 '다음 모양으로 바꾸기' 블록을 드래그하여 아래에 연결해요.

④ 오른쪽 화살표 키를 눌러 퍼즐 모양을 바꿀 때, 너무 빠르게 바뀌지 않도록 하기 위해  의  블록을 드래그하여 시간값을 '0.5'로 입력해요.

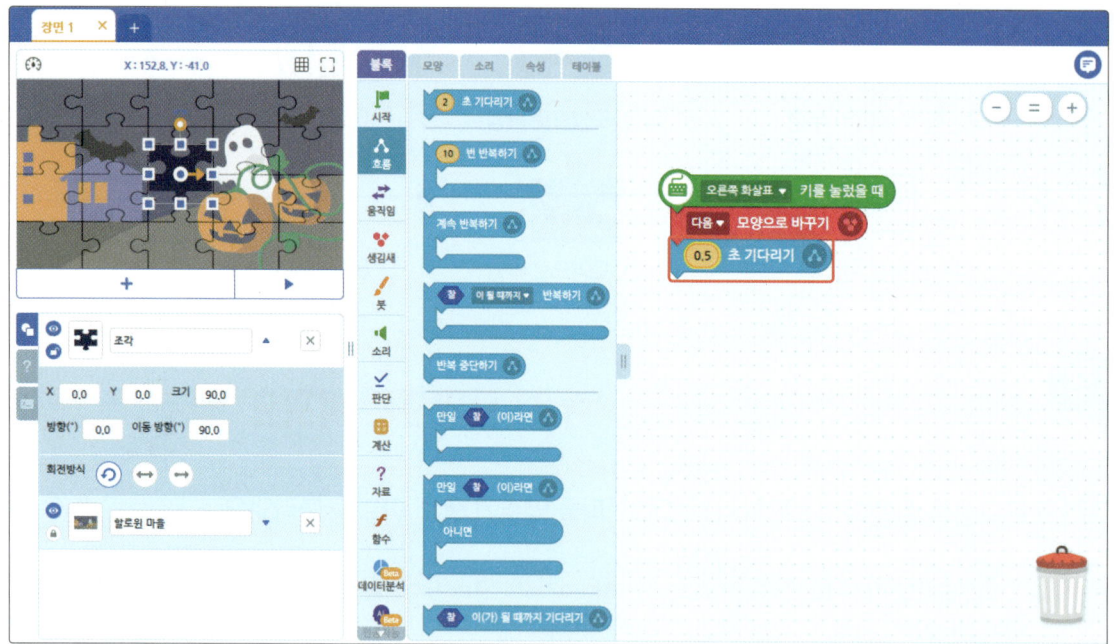

3 왼쪽 화살표 키를 누르면 '이전' 모양으로 바꿔요

① 왼쪽 화살표 키를 누를 때마다 다음 모양으로 바뀌도록 만들어요. 블록을 마우스 오른쪽 버튼으로 클릭하여 [코드 복사&붙여넣기]를 선택해요.

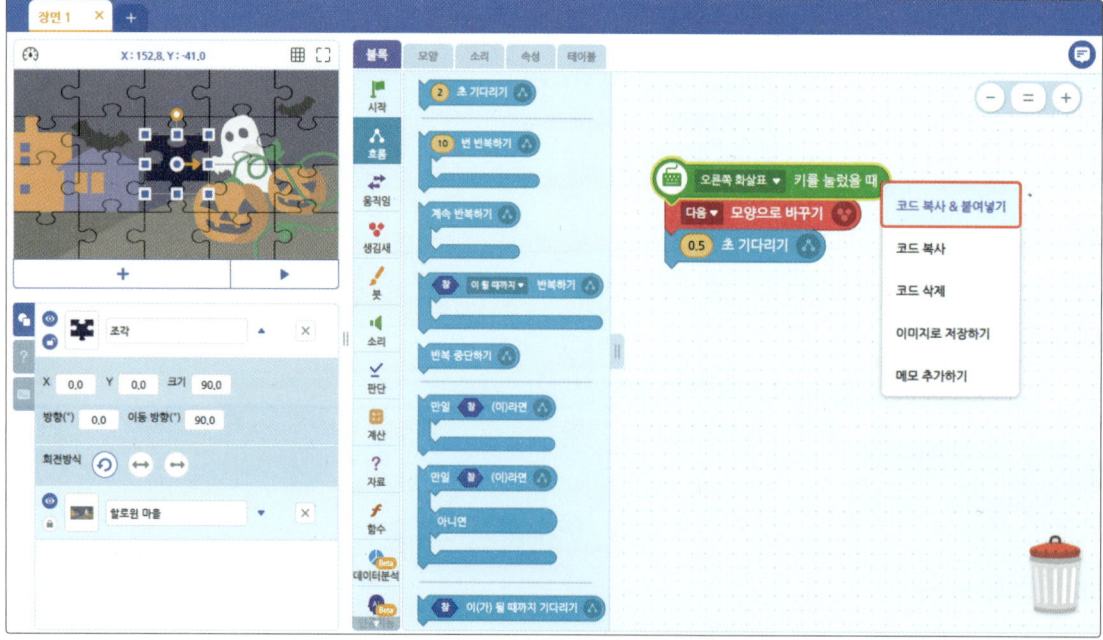

104

❷ 복제된 코드의 오른쪽 화살표 키를 눌렀을 때 블록을 아래쪽으로 드래그하여 이동해요.

❸ 복제된 코드에서 '오른쪽 화살표'를 '왼쪽 화살표'로, '다음' 모양을 '이전' 모양으로 바꾸면 완성돼요.

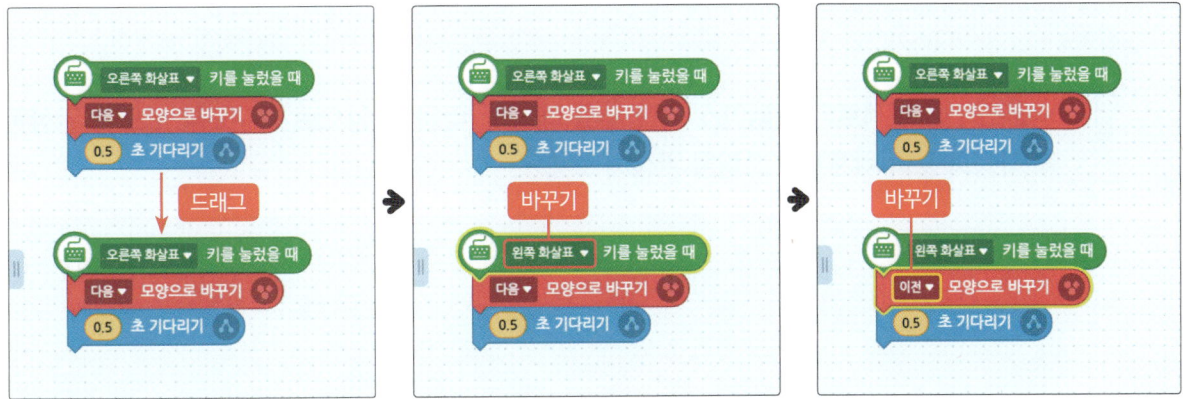

 퍼즐 맞추기를 해볼까요?

❶ [시작하기(▶)] 버튼을 눌러 실행해요.

❷ '왼쪽/오른쪽' 화살표 키로 퍼즐 조각 모양을 바꾸어요. 그리고 마우스 클릭으로 도장 찍기를 하여 다음과 같이 할로윈 마을 그림을 완성해 보세요.

실습파일 : 세계지도.ent   완성파일 : 세계지도(완성).ent

1 '퍼즐조각' 오브젝트가 스페이스 키를 누를 때마다 '다음' 모양으로 바꾸도록 코드를 완성한 후, 다음과 같이 세계지도 그림을 완성해 보세요.

 힌트
- 실습파일에는 '퍼즐조각' 오브젝트가 마우스 포인터를 따라다니면서 마우스를 클릭할 때마다 도장 찍기를 하도록 만들어져 있어요.
- 다음 블록들을 사용해 보세요.

21 파워포인트로 칠교놀이를 해요

칠교놀이는 크기와 모양, 색깔이 다른 7개의 조각을 이용하여 여러 가지 형태를 만들어 보는 놀이에요. 조각을 그대로 옮기기도 하지만 여러 방향으로 회전시켜서 옮길 때도 있어요. 강아지 모양을 함께 만들어 본 다음에 여러분 스스로 고양이와 백조 모양을 만들어 보세요.

학습목표

★ 칠교놀이 조각을 드래그하여 위치를 옮길 수 있습니다.
★ 칠교놀이 조각을 좌우 대칭시켜서 원하는 모양을 만들 수 있습니다.
★ 칠교놀이 조각을 회전시켜서 원하는 모양을 만들 수 있습니다.

실습파일 : 칠교놀이.pptx   완성파일 : 칠교놀이(완성).pptx

1 조각을 드래그하여 옮겨요

1. [시작(■)]-[PowerPoint 2016])를 클릭하여 파워포인트 프로그램을 실행한 후 [21차시] 폴더의 '칠교놀이.pptx' 파일을 열어요.

2. 칠교 조각들을 옮기면서 강아지 모양을 만들어요. 파란색 마름모 조각을 드래그하여 강아지 얼굴을 만들어요.

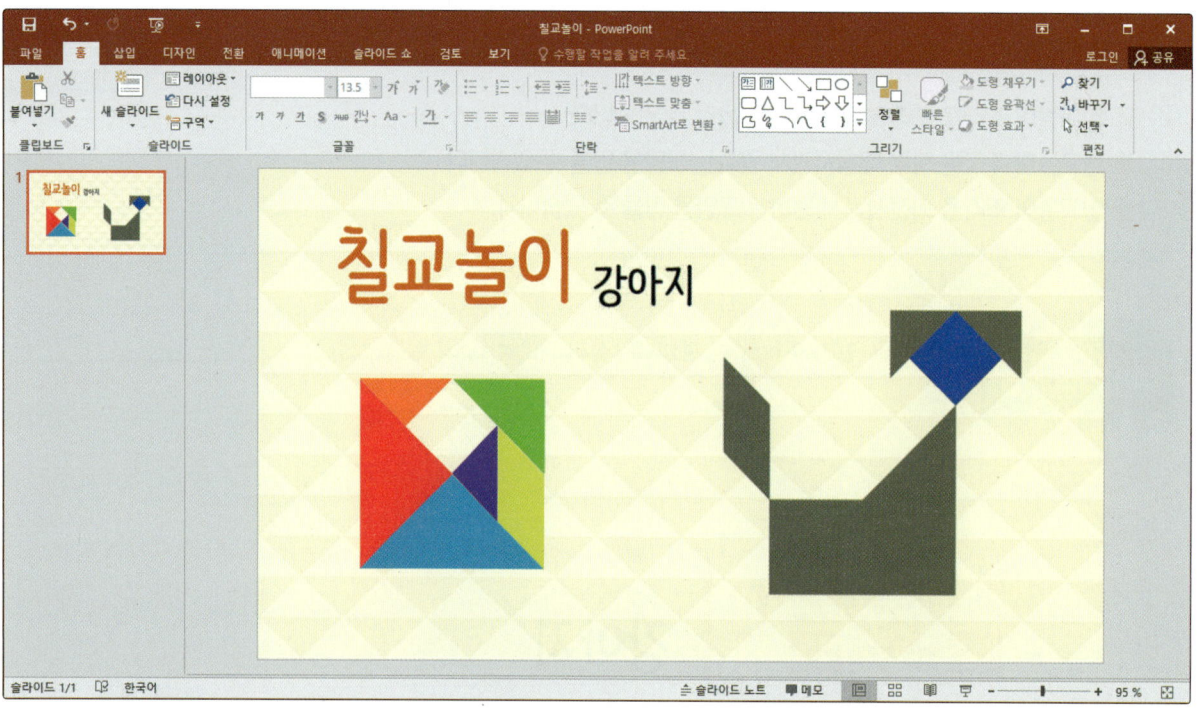

3. 하늘색 삼각형 조각과 노란색 평행 사변형 조각을 드래그하여 강아지 몸통과 꼬리를 만들어요.

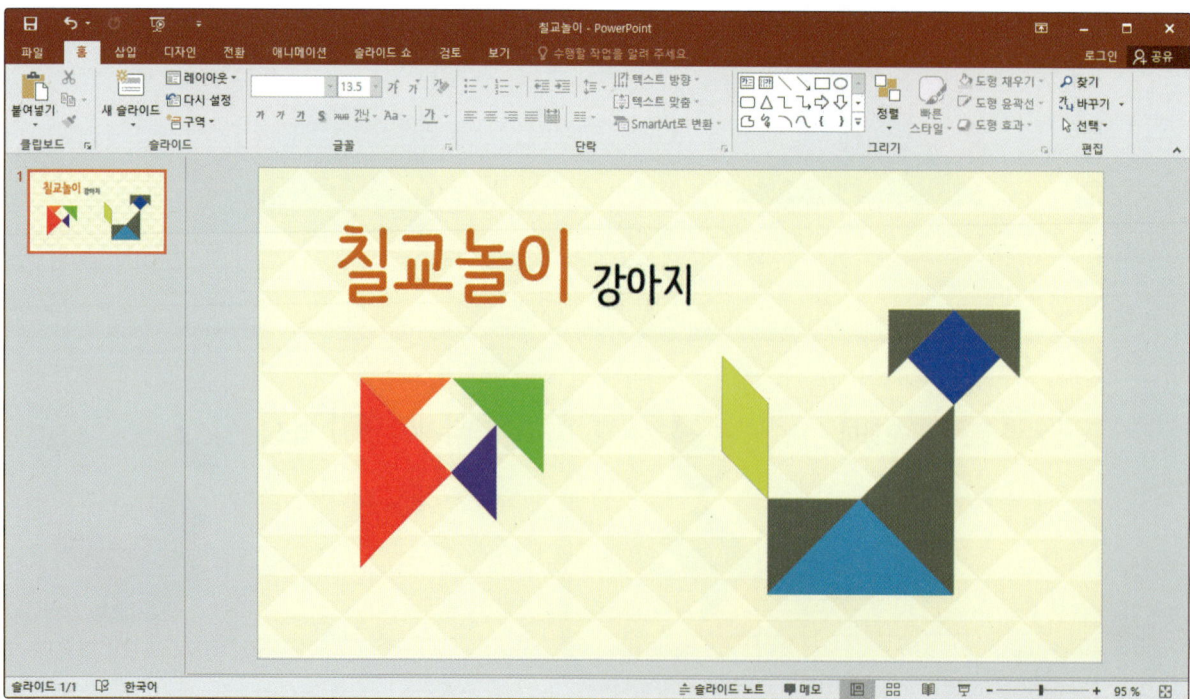

조각을 좌우 대칭시켜서 옮겨요

① 조각을 옆으로 뒤집으려고 해요. 먼저 빨간색 삼각형 조각을 선택해요. 그리고 [홈] 탭-[그리기] 그룹-[정렬]-[회전]-[좌우 대칭]을 클릭하여 뒤집고, 드래그하여 강아지 '앞 몸통'을 만들어요.

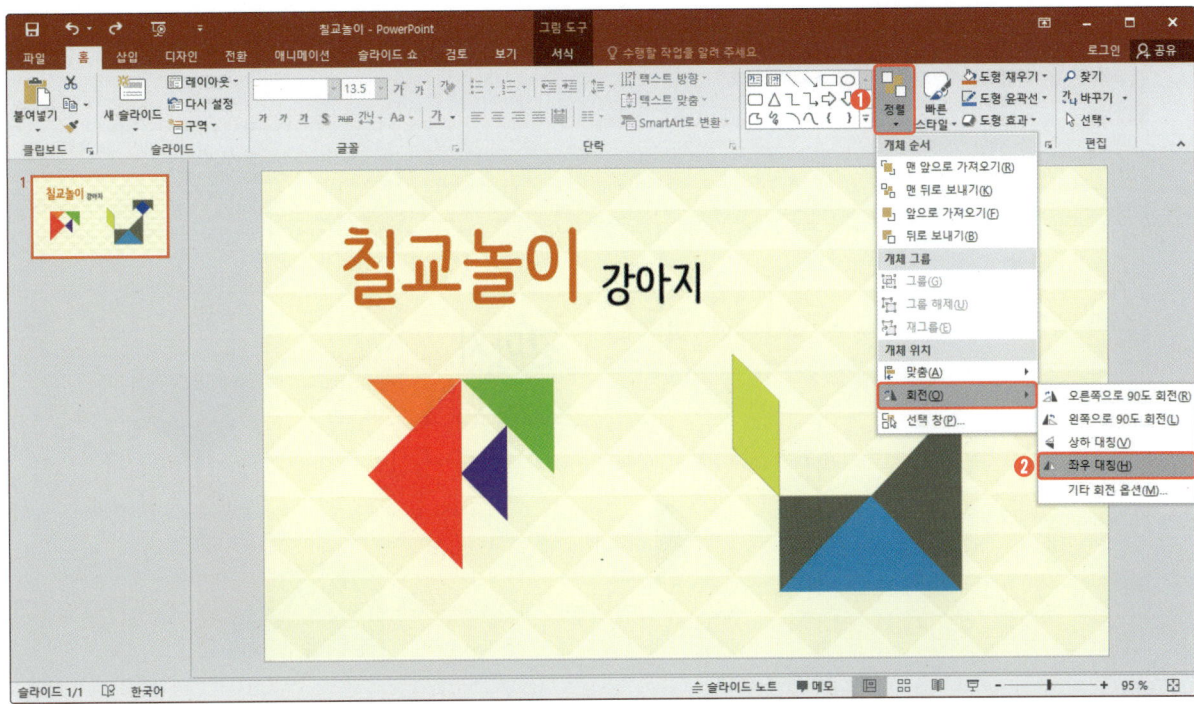

② 같은 방법으로 연두색 삼각형 조각을 [좌우 대칭]한 후 드래그하여 강아지 '뒤 몸통'을 만들어요.

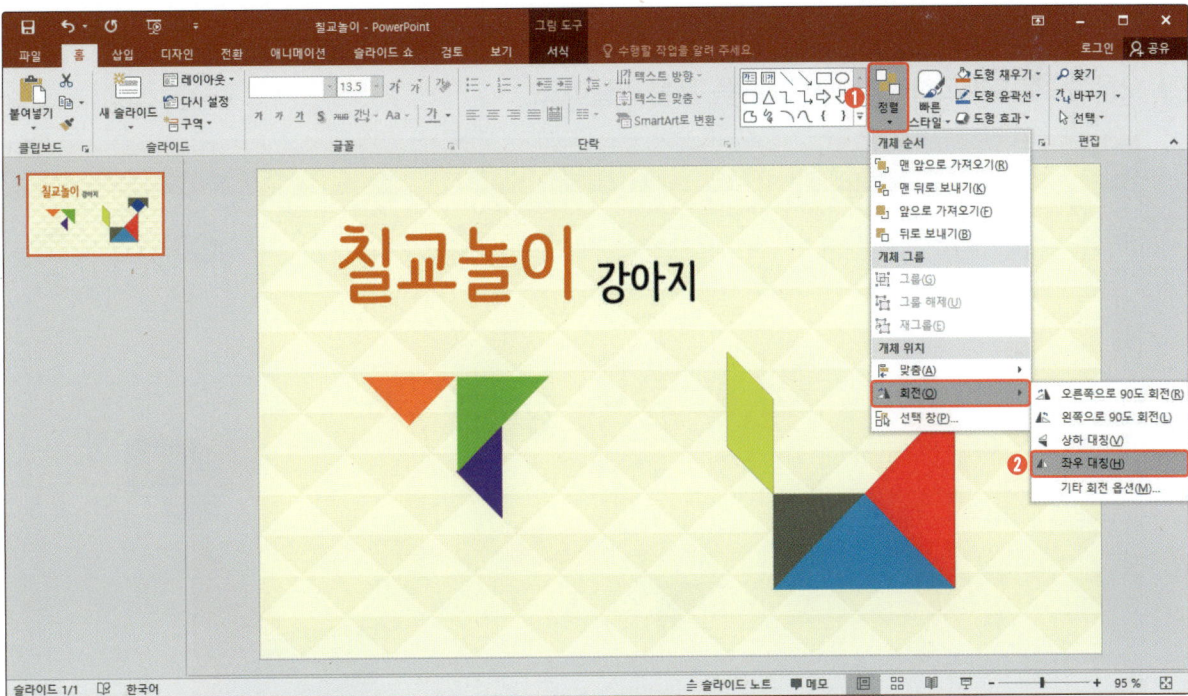

 ## 3 조각을 회전시켜서 옮겨요

① 조각을 회전시키려고 해요. 주황색 삼각형 조각을 선택하고 회전 핸들( )을 Shift 를 누른 채 드래그하여 ▰ 모양을 만들어요.

② 오른쪽으로 드래그하여 강아지 '왼쪽 귀'를 만들어요.

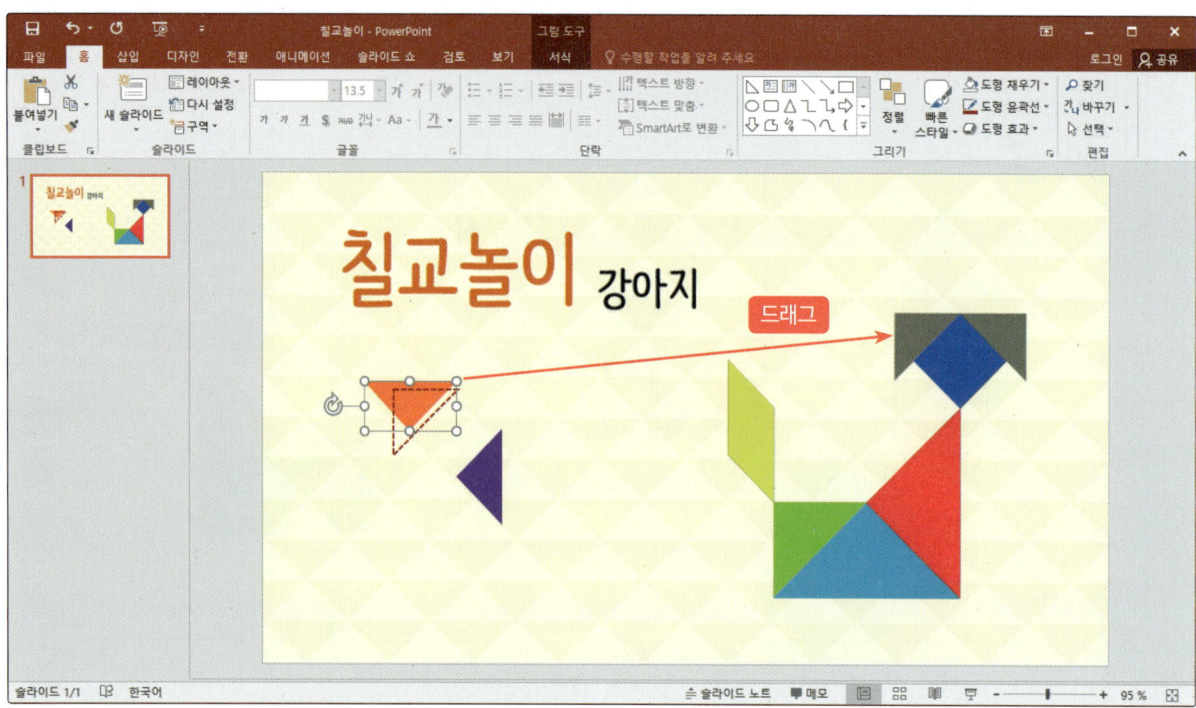

③ 같은 방법으로 보라색 삼각형 조각의 회전 핸들( )을 Shift 를 누른 채 드래그하여 ◣ 모양을 만들어요.

④ 오른쪽으로 드래그하여 강아지 '오른쪽 귀'를 만들어요.

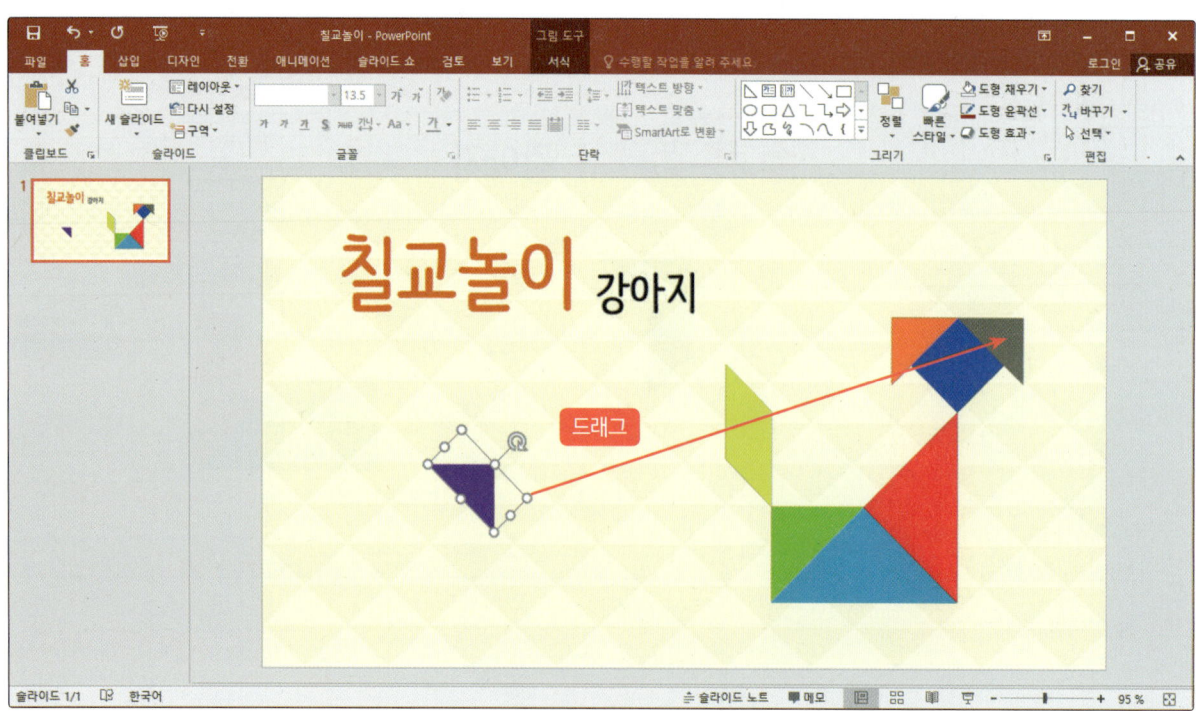

실습파일 : 칠교놀이-고양이.pptx   완성파일 : 칠교놀이-고양이(완성).pptx

1 '칠교놀이-고양이.pptx' 파일을 열어 칠교놀이 조각으로 '고양이'를 만들어 보세요.

실습파일 : 칠교놀이-백조.pptx   완성파일 : 칠교놀이-백조(완성).pptx

2 '칠교놀이-백조.pptx' 파일을 열어 칠교놀이 조각으로 '백조'를 만들어 보세요.

22 엔트리로 칠교놀이를 해요

지난 시간에는 파워포인트에서 칠교놀이를 해 보았는데요. 이번 시간에는 엔트리에서 칠교놀이가 동작하도록 만들어 볼 거예요. 칠교놀이 조각을 마우스로 드래그하면 이동하고, 위쪽 화살표 키를 누르면 회전하도록 만들어 볼까요?

학습목표

★ 칠교놀이 조각 오브젝트를 클릭하면 맨 앞으로 가져올 수 있습니다.
★ 칠교놀이 조각을 드래그하면 마우스 포인터 위치로 이동시킬 수 있습니다.
★ 숫자 키를 눌러 칠교놀이 조각을 회전시킬 수 있습니다.

미리보기

실습파일 : 칠교놀이.ent   완성파일 : 칠교놀이(완성).ent

칠교놀이 로켓

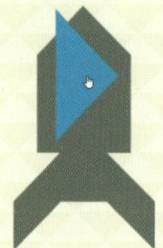

칠교놀이 조각을 마우스로 드래그하면
마우스 포인터 위치로 이동하기

칠교놀이 로켓

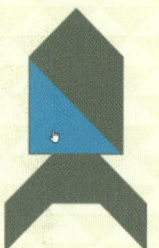

칠교놀이 조각에 해당하는 숫자를 누를 때마다
45도씩 회전하기

이 블록들을 사용해요

블록 꾸러미	명령 블록	설명
시작	 q▼ 키를 눌렀을 때	선택한 키를 누르면 아래에 연결된 블록들을 실행해요.
움직임	방향을 90° 만큼 회전하기	오브젝트의 방향이 입력한 각도만큼 시계 방향으로 회전해요.
흐름	2 초 기다리기	입력한 시간만큼 기다린 후 다음 블록을 실행해요.

112

1 이렇게 만들어요

 ➡ ➡ ➡  ➡ 코드 복사

조각-1   숫자 키 누름   45도 회전   0.2초 기다림

 ➡ 붙여 넣기 ➡

조각-2~조각-7   숫자 키 누름

2 숫자 키를 누를 때마다 칠교놀이 조각을 회전시켜요

① 엔트리 프로그램을 실행하여 [22차시] 폴더의 '칠교놀이.ent' 파일을 불러와요.

> 팁 실습파일에는 칠교 조각을 마우스로 클릭한 채로 드래그하면, 따라 움직이도록 만들어져 있어요.

② 숫자 키를 누를 때마다 칠교놀이 조각이 회전되도록 만들어요. '조각-1' 오브젝트를 선택하고 키보드에서 숫자 '1'키를 눌렀을 때 실행되도록 하기 위해 의  블록을 드래그하여 추가한 후 키를 '1'로 선택해요.

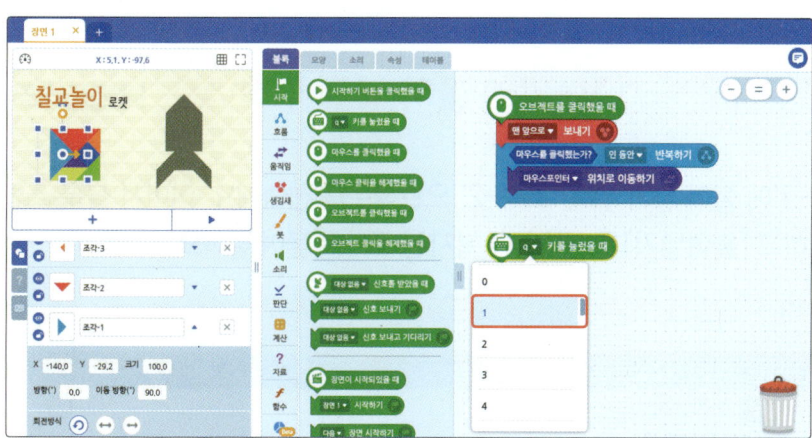

> 팁 '조각-1' 오브젝트 이름과 같이 숫자 '1' 키를 누를 때 동작하도록 만들어요.

③ 의 방향을 90° 만큼 회전하기 블록을 아래에 연결한 후 숫자를 '45'로 변경해요.

> 팁 방향을 45도씩 회전하면 다음과 같이 바뀌어요.
>

22 엔트리로 칠교놀이를 해요   113

❹ 숫자 키를 누를 때 너무 빨리 회전하지 않게 하기 위해 [흐름]의 [2초 기다리기] 블록을 드래그하여 시간값을 '0.2'로 변경해요.

❺ 코드를 복사하기 위해 [1▼ 키를 눌렀을 때] 블록을 마우스 오른쪽 버튼으로 클릭하여 **[코드 복사]**를 선택해요.

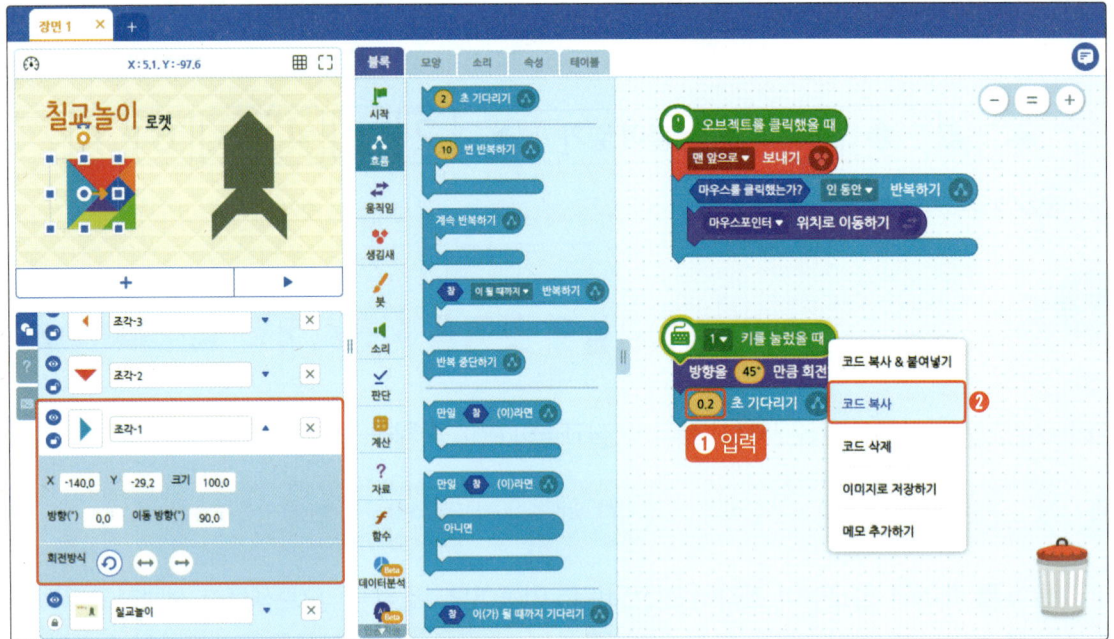

  복사된 코드를 '조각-2~조각-7'에 붙여 넣고 수정해요

❶ 복사된 코드를 '조각-2~조각-7'에 붙여 넣기 위해 '조각-2' 오브젝트를 선택해요. 이어서 블록 조립소에서 마우스 오른쪽 버튼을 클릭하고 **[붙여넣기]**를 선택하여 복사된 코드를 붙여 넣어요.

❷ 키를 '2' 키로 변경해요.

❸ 같은 방법으로 '조각-3' ~ '조각-7' 오브젝트에 코드를 붙여 넣고 '키' 숫자를 다음과 같이 변경해요.

❹ [시작하기(▶)] 버튼을 눌러 칠교 조각으로 로켓 모양을 만들어 보세요.

실습파일 : 칠교놀이(완성).ent 완성파일 : 22정답-2.jpg

1 '칠교놀이' 오브젝트를 선택하고 모양 탭을 눌러 '칠교놀이_사람' 모양으로 바꾼 후 사람 모양을 완성해 보세요.

실습파일 : 칠교놀이(완성).ent 완성파일 : 22정답-3.jpg

2 '칠교놀이' 오브젝트를 선택하고 모양 탭을 눌러 '칠교놀이_토끼' 모양으로 바꾼 후 토끼 모양을 완성해 보세요.

23 스티커로 세계 여행을 떠나요

전 세계에는 많은 나라들이 있는데요. 혹시 여러분은 가보고 싶은 나라가 있나요? 이번 시간에는 각 대륙의 이름과 대륙별로 어떠한 나라들이 모여 있는지 확인할 거예요. 또, 각 나라마다 지니고 있는 특징을 알아볼 거예요. 그리고 나서 나라별 '수도와 국기' 스티커를 찾아 붙여 보도록 해요.

학 습 목 표

★ 6대륙의 위치와 대륙별로 속한 나라를 알 수 있습니다.
★ 세계 여러 나라마다 가진 특징을 이해할 수 있습니다.
★ 각 나라별 국기와 수도에 대해 알아볼 수 있습니다.

정답 : 23정답-1.jpg

1 각 대륙의 위치를 살펴보아요

❶ 지구의 땅은 여섯 개의 대륙으로 나뉘어 있어요. 다음 빈칸에 대륙의 이름을 스티커에서 찾아 붙여 보세요.
[스티커 2. 9줄 2칸~4칸]

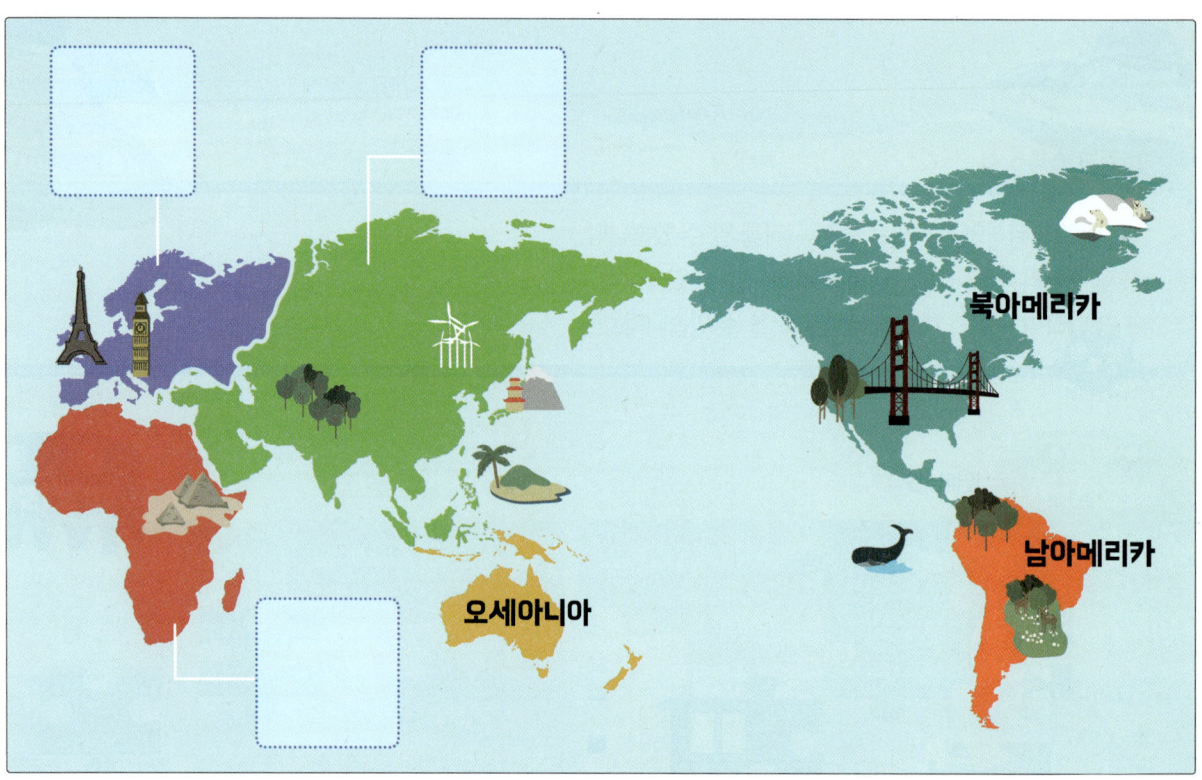

❷ 다음의 나라들이 포함되어 있는 대륙의 이름을 보기 에서 찾아 빈칸에 써 보세요.

	영국, 독일, 스웨덴, 프랑스, 이탈리아, 스페인
	대한민국, 중국, 일본, 인도, 베트남, 이스라엘
	가나, 이집트, 나이지리아, 세네갈, 케냐, 카메룬
	미국, 캐나다, 멕시코
	브라질, 아르헨티나, 베네수엘라, 볼리비아, 칠레
	오스트레일리아, 뉴질랜드, 파푸아뉴기니, 피지, 괌

보기 오세아니아, 북아메리카, 아프리카, 유럽, 남아메리카, 아시아

2. 여러 나라의 '국기'와 '수도' 스티커를 붙여요

1 다음 나라의 소개 내용을 읽은 후, 각 나라에 알맞은 국기와 수도 스티커를 찾아 붙여 주세요.
[스티커 2. 9줄 5칸~11줄]

중국

중국은 인구가 약 14억 명으로 세계에서 인구가 가장 많은 나라예요. 그리고 나라의 크기는 러시아와 캐나다에 이어서 세 번째로 크다고 해요. 이러한 큰 땅의 크기를 말하듯 지구의 반지름에 맞먹는 성벽을 쌓아올린 만리장성을 통해 중국의 힘을 느낄 수 있어요.

일본

일본은 아시아의 동쪽에 위치해 있으며, 인구는 약 1억 명으로 세계 11위를 차지하고 있어요. 홋카이도, 혼슈, 시코쿠, 규슈. 이렇게 4개의 큰 섬과 그 밖의 작은 섬들로 구성되어 있답니다. 벚꽃은 일본을 상징하는 꽃으로 유명해요.

인도

인도는 반도 국가 중에서 가장 땅이 큰 나라이며, 인구는 약 13억 명으로 세계에서 2번째로 많아요. 또한, 인도 아리안 외에도 드라비다족, 몽고족 등 민족의 구성이 다양하답니다. 인도의 공용어는 힌디어와 영어이고요. 종교는 인구의 80.5%가 힌두교예요.

베트남

베트남의 인구는 약 9천 8백만 명으로 세계 15위를 차지하고 있어요. 정식 명칭은 베트남 사회주의 공화국으로 중국과 라오스, 캄보디아와 닿아 있어요. 교통수단으로는 오토바이를 많이 이용하고, 음식으로는 쌀로 만든 국수와 쌈을 싸먹는 페이퍼 등이 유명해요.

이스라엘

이스라엘은 전 세계에 흩어져 살던 유대인들이 이주해 와 1948년 건국한 나라예요. 이스라엘이란 나라 이름은 '하느님이 지배하신다'라는 뜻인데요. 구약 성경에 나오는 유대인의 조상 야곱이 신에게 받은 이름에서 따온 것이에요. 이스라엘은 신성시 하는 장소를 순례하기 위한 여행지로 유명하답니다.

프랑스

프랑스는 땅의 모양이 육각형에 가까우며 3면은 바다, 3면은 산지로 둘러싸여 있어요. 동쪽은 이탈리아, 스위스, 독일과 닿아 있고, 남쪽은 지중해와 스페인으로 이어진답니다. 프랑스의 인구는 약 6천 5백만으로 세계 22위를 차지하고 있고요. 건축물로 에펠탑과 베르사유 궁전이 유명하고, 음식으로는 크로와상, 바게트 등이 유명한 나라이지요.

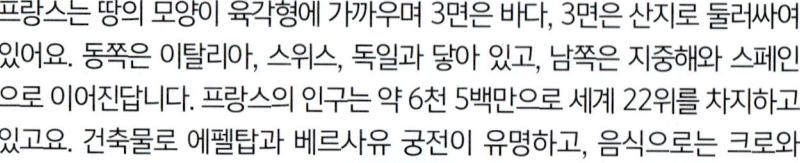

독일

독일은 동쪽으로는 폴란드·체코, 서쪽으로는 프랑스·벨기에·네덜란드·룩셈부르크, 남쪽으로는 오스트리아·스위스, 북쪽으로는 북해·덴마크·발트 해와 닿아 있어요. 인구는 약 8천 3백만 명으로 세계 19위를 차지하고 있답니다. 축구를 잘 하는 것과 속도 제한이 없는 고속도로 아우토반이 유명해요.

케냐

케냐는 동쪽으로 소말리아, 북쪽으로 에티오피아와 수단, 남쪽으로 탄자니아, 서쪽으로는 우간다와 닿아 있어요. 육지로 갈수록 높이가 높아져서 높은 곳에 넓은 벌판이 있는데요. 이런 특징으로 인해 야생 동물들이 살기에 좋은 자연환경을 갖추고 있어요. 코끼리·사자·기린·얼룩말 등의 세계 야생동물이 살고 있는 소중한 장소랍니다.

미국

미국의 정식 명칭은 아메리카 합중국(The United States of America)으로, U.S 또는 U.S.A라고도 해요. 세계에서 러시아, 캐나다, 중국 다음으로 땅이 큰 나라이지요. 인구는 약 3억 3천만 명으로 세계 3위를 차지하고 있는데요. 아메리칸 인디언인 원주민을 제외하고는 모두 다른 나라에서 옮겨온 이주민들로 이루어져 있어요. 다양한 민족으로 구성된 세계 최대의 이민 국가이지요.

브라질

브라질은 칠레와 에콰도르를 제외한 남아메리카 모든 나라의 국경과 맞닿아 있어요. 땅의 크기는 러시아, 캐나다, 미국, 중국에 이어 세계에서 다섯 번째로 큰 국가예요. 커피 재배와 삼바 춤으로 유명하며 인구는 약 2억 1천만 명으로 6위를 차지하고 있어요.

실습파일 : 세계 여행 퀴즈.ppsx

1 세계 여행 퀴즈 문제의 답을 다음 표에 쓰세요. 그리고 퀴즈가 끝나면 모두 몇 문제를 맞혔는지 빈칸에 써 보세요.

   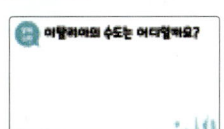 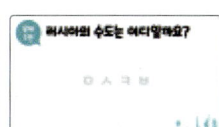

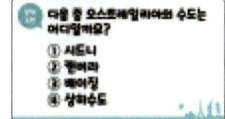    

문제	정답	채점 결과(O, X)
1번		
2번		
3번		
4번		
5번		
6번		
7번		
8번		
9번		
10번		

문제

24 엔트리로 수도 맞히기 놀이를 해요

한 나라의 으뜸이 되는 도시를 '수도'라고 해요. 우리나라의 수도는 서울이고, 미국의 수도는 워싱턴 D.C.예요. 선생님이 나라 이름을 불러주면 학생이 그 나라의 수도를 대답 창에 입력하는 퀴즈 게임, 재미있겠지요? 정답이 틀렸는지 맞았는지 결과도 알려 주는 '수도 맞히기 놀이'를 함께 만들어 보아요.

학습목표

★ 말풍선으로 말하고 대답을 기다리게 할 수 있습니다.
★ 입력한 대답과 정답을 비교하여 맞았는지 틀렸는지 판단할 수 있습니다.
★ 판단이 '참'인지 '거짓'인지에 따라 다르게 실행할 수 있습니다.

실습파일 : 수도 맞히기 놀이.ent   완성파일 : 수도 맞히기 놀이(완성).ent

미리보기

선생님이 문제를 내고 대답을 기다리면 '대답 창'에 대답 입력하기

입력한 대답이 정답과 같으면 "맞았어요!!"를 말하고, 정답과 다르면 "틀렸어요ㅠ"를 말하기

이 블록들을 사용해요

블록 꾸러미	명령 블록	설명
? 자료	안녕! 을(를) 묻고 대답 기다리기	오브젝트가 입력한 문자를 말풍선으로 묻고, 대답을 입력받아요.
	대답	사용자가 '대답 창'에 입력한 값이에요.
흐름	만일 참 (이)라면 / 아니면	만일 판단이 '참'이라면 첫 번째 감싸고 있는 블록들을 실행하고, '거짓'이면 두 번째 감싸고 있는 블록들을 실행해요.
판단	10 = 10	왼쪽에 위치한 값과 오른쪽에 위치한 값이 같을 경우 '참'으로 판단해요.

 **이렇게 만들어 봐요**

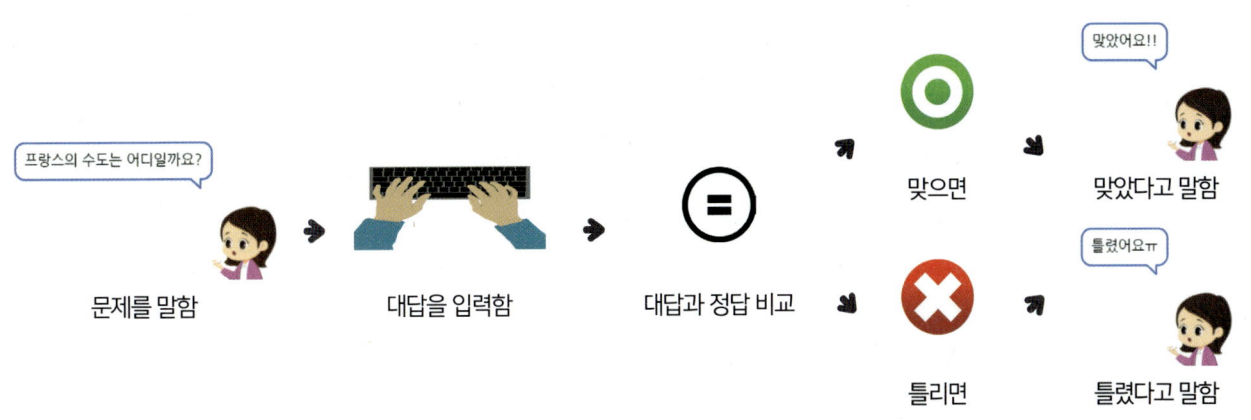

 **선생님이 문제를 내고 정답을 기다리게 해요**

① [24차시] 폴더의 '수도 맞히기 놀이.ent' 파일을 불러와 '선생님' 오브젝트를 선택하고 의 시작하기 버튼을 클릭했을 때 블록을 드래그하여 추가해요.

② 의 안녕! 을(를) 4 초 동안 말하기 블록을 드래그하여 아래에 연결한 후, 내용을 클릭하여 "문제를 보고 정답을 입력하세요."를 입력하고, 시간값에 '3'초를 입력해요.

③ 선생님이 질문하도록 만들기 위해 의 안녕! 을(를) 묻고 대답 기다리기 블록을 아래에 연결한 후, 내용을 클릭하여 "프랑스의 수도는 어디일까요?"를 입력해요.

 ## 3 입력한 대답과 정답을 비교해요

❶ 정답을 맞혔을 때와 아닐 때 다른 동작을 하기 위해 호름의 블록을 드래그하여 아래에 연결해요.

❷ 판단의 `10 = 10` 블록을 드래그하여 참 위치에 끼워 넣어요.

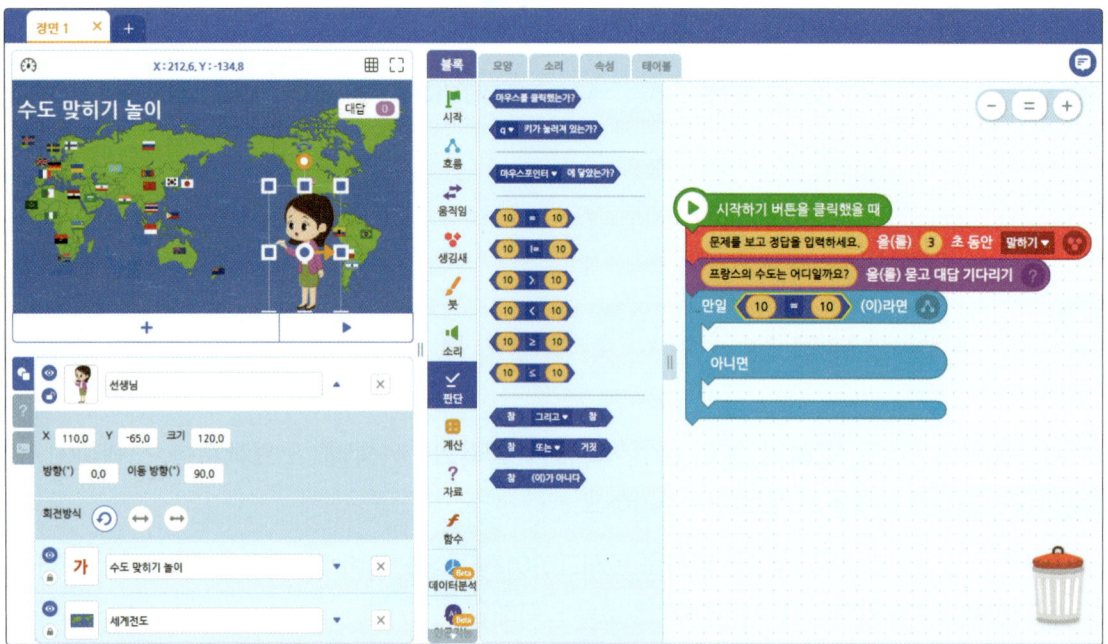

❸ 자료의 대답 블록을 드래그하여 등호 왼쪽에 끼워 넣고, 등호 오른쪽의 숫자를 클릭하여 '파리'를 입력해요.

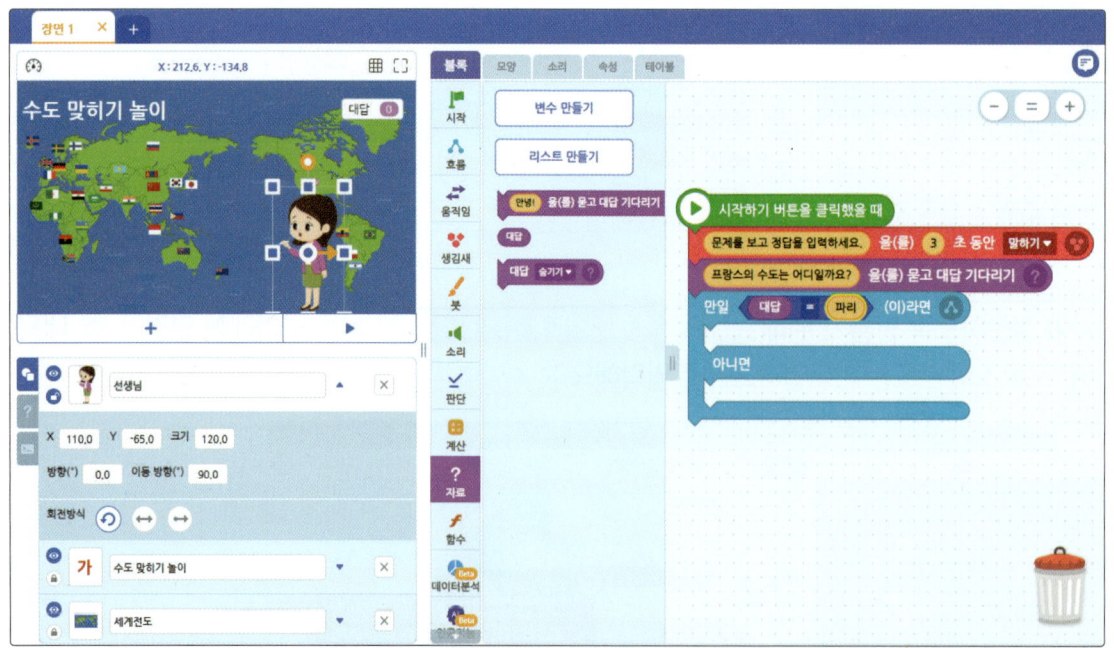

 팁 입력한 대답이 정답(파리)과 같으면 첫 번째 감싸는 블록을 실행하고, 대답이 정답과 다르면 두 번째 감싸는 블록을 실행해요.

4 정답과 비교하여 결과를 알려 줘요

❶ 입력한 대답이 정답인지 아닌지 말하기 위해 생김새의 `안녕! 을(를) 4 초 동안 말하기` 블록을 드래그하여 판단이 참인 경우와 아닌 경우에 각각 끼워 넣고 내용과 시간을 입력해요.

- 참인 경우 : "맞았어요!!"를 '2'초 동안 말하기
- 거짓인 경우 : "틀렸어요ㅠ"를 '2'초 동안 말하기

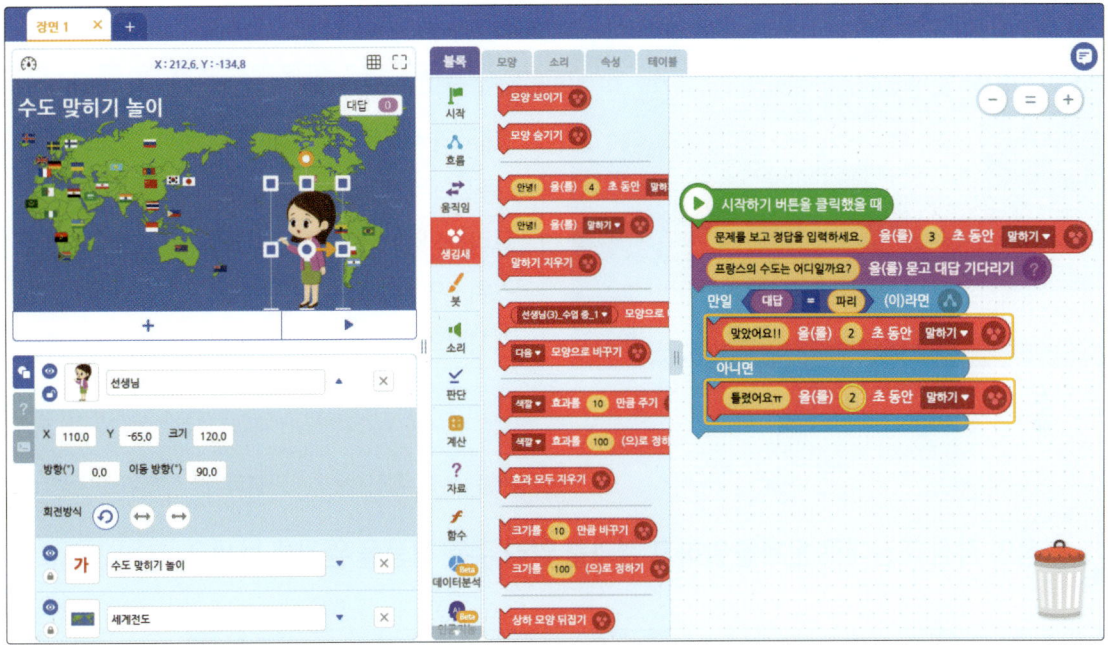

❷ [시작하기(▶)] 버튼을 눌러 문제를 보고 '대답 창'에 대답을 입력한 후 Enter 를 누르거나 ✓를 클릭해 보세요.

도전! 미션 해결하기

실습파일 : 여러 문제.ent   완성파일 : 여러 문제(완성).ent

1 다음의 작성 조건에 따라 5개 문제를 추가하여 계속해서 묻는 코드를 완성해 보세요. 이때, `계속 반복하기` 블록을 삽입하고 [코드 복사 & 붙여넣기] 기능을 이용해 보세요.

*작성 조건

문제	정답
태국의 수도는 어디일까요?	방콕
몽골의 수도는 어디일까요?	울란바토르
그리스의 수도는 어디일까요?	아테네
스위스의 수도는 어디일까요?	베른
멕시코의 수도는 어디일까요?	멕시코시티

실습파일 : 수학 퀴즈.ent   완성파일 : 수학 퀴즈(완성).ent

2 다음의 작성 조건대로 문제를 말하고 결과를 알려 주는 작품을 완성해 보세요.

*작성 조건

문제	정답	맞으면	틀리면
365 - 365 = ?	0	맞아요!	같은 수를 빼면 '0'이 돼요.
소 2마리와 닭 2마리의 다리의 합은?	12	잘했어요!	4+4+2+2 = 12
개미 2마리와 거미 2마리의 다리의 합은?	28	훌륭해요!	6+6+8+8 = 28
축구 한 팀과 야구 한 팀의 선수의 합은?	20	완벽해요!	11+9 = 20

MEMO

MEMO

[스티커 1]

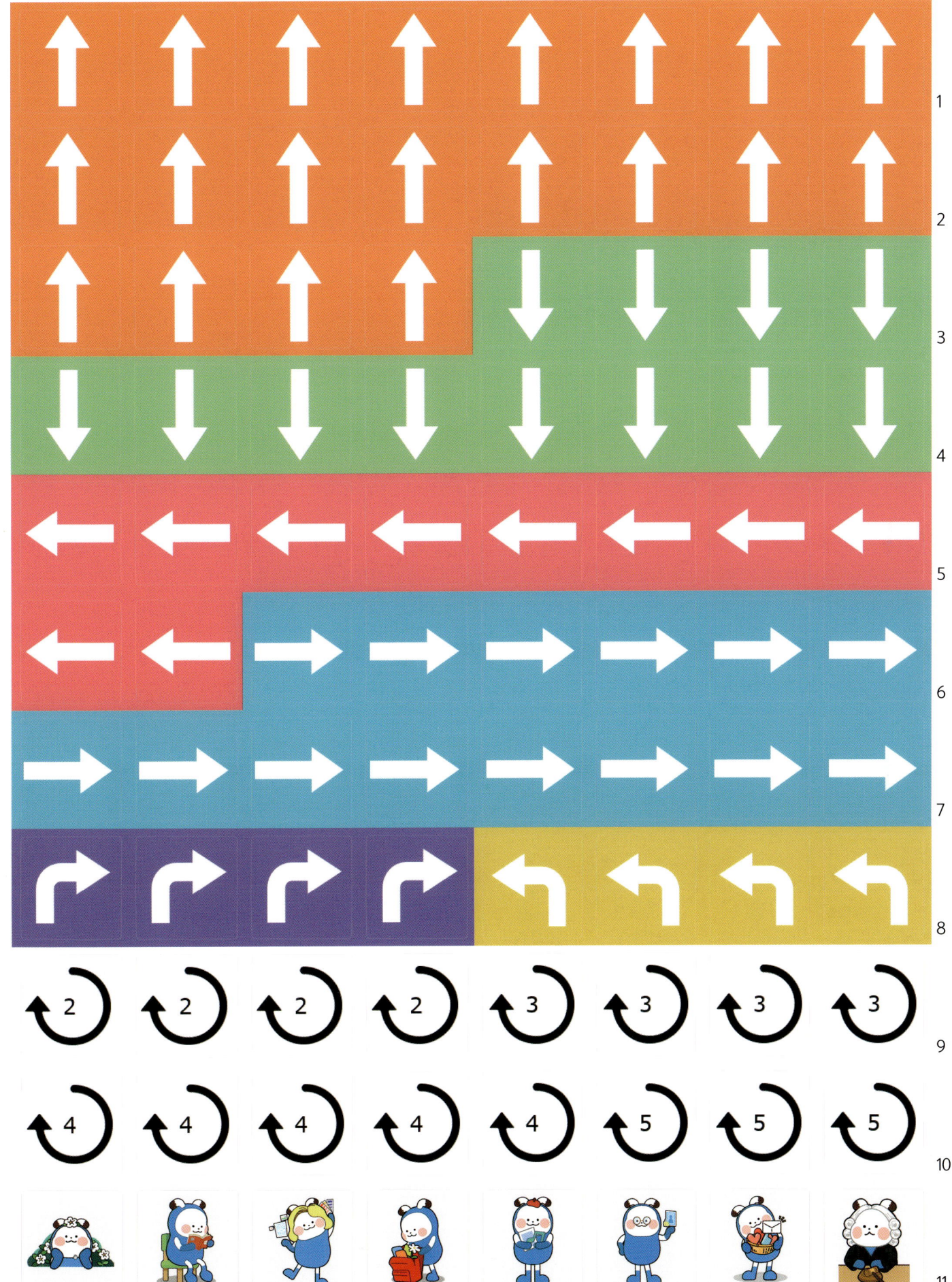